共享经济

引爆新一轮颠覆性商业革命

蔡余杰 黄禄金 著

企业管理出版社

ENTERPRISE MANAGEMENT PUBLISHING HOUSE

图书在版编目（CIP）数据

共享经济 / 蔡余杰，黄禄金著 . -- 北京：企业管理出版社，2015. 9
ISBN 978 - 7 - 5164 - 1079 - 0

Ⅰ. ①共…　Ⅱ. ①蔡…　②黄…　Ⅲ. ①企业管理　Ⅳ. ①F270

中国版本图书馆 CIP 数据核字（2015）第 194603 号

书　　　名：共享经济

作　　　者：蔡余杰　黄禄金

责任编辑：杜　敏

书　　　号：ISBN 978 - 7 - 5164 - 1079 - 0

出版发行：企业管理出版社

地　　　址：北京市海淀区紫竹院南路 17 号　　　邮编：100048

网　　　址：http：//www. emph. cn

电　　　话：总编室（010）68701719　发行部（010）68701816　编辑部（010）68414643

电子信箱：80147@ sina. com

印　　　刷：北京市兆成印刷有限责任公司

经　　　销：新华书店

规　　　格：170 毫米 ×240 毫米　　　16 开本　　　16 印张　　　180 千字

版　　　次：2015 年 9 月第 1 版　　　2015 年 11 月第 4 次印刷

定　　　价：42. 00 元

近几年，一种新型的经济模式引起了我的兴趣——共享经济。

追根溯源的话，这应该算是一种比较古老的经济模式。1978 年的《美国行为科学家》杂志上就对其进行过论述，不过当时该经济模式被称作"协同消费"或"合作式消费"。在我国古代学者的著作里也有类似的提及，比如：明代冯梦龙的《东周列国志》中所说的"人人分其仰事俯畜之物产财力"，大体就是这样一种境界。

而共享经济得以风靡，却是从 2008 年开始的。这一年，智能手机和 APP 进入了我们的生活，大数据和云计算不断开始发展，共享经济模式的实践者 Airbnb 也应运而生。此后几年，共享经济更是大放异彩，展现出了其强大的生命力，在世界范围内以几何级速度扩展开来。

虽然"共享经济"一词，对普通的大众来说，仍然相当陌生。但其给我们的生活带来的便利却是触手可得的。举一个简单的例子：你打算独自一个人到旧金山旅游，但高昂的住宿费用和人生地不熟的窘境让你屡屡受挫，假设使用 Airbnb 网站选择住所的话，不仅费用更加优惠，你还有可能遇到一位爱好交友的屋主，如果运气更好的话，你自己的房屋也可以在此期间租给他人，获得一笔额外的收入。

正如 Airbnb 创始人 Nathan Blecharczyk 曾经提到的，共享经济是一个对非常多的人开放的机会，一直以来在社会上，为了找到一份工作，你必须足够聪明，你需要获得更高的学历，只有非常努力，你才能找到一份不错的工作。而共享经济创新的地方在于，如果你有房子，你喜欢招待客人，你就可以参与其中，并得到回报。

这种颠覆性的商业模式，如今已经开始改写全球经济格局。截至 2014 年底，全球共享经济的规模大约在 150 亿美元，该模式的领军企业如 Uber、Airbnb 等的身价不断水涨船高，共享经济模式的拥趸也逐渐庞大。

反观国内，也涌现出了一批共享经济的追随者，比如短租行业的蚂蚁短租、途家，租车行业的滴滴顺风车、嘀嗒拼车等。但是另一方面，国内有关共享经济的论著却仍是寥若星辰，这不免让人遗憾。

因此，当蔡余杰先生提出要创作这样一本书，将共享经济的理念和个人的研究心得与志同道合者分享时，我是深感欣慰的。

眼下，共享经济这场颠覆性的商业革命已经席卷全球，唯望此书的读者们能够认真审视共享模式，并让共享经济渗透进更多行业，进一步驱动我国的产业变革！

北京大学经济学院教授　　周建波

2015 年 8 月 5 日

前言

SHARING
ECONOMY

Redefine Business And Future

随着"互联网+"时代的到来，以及社会对互联网开放性、共享性思维方式的认同，一种新型的经济模式——"共享经济"逐渐走入人们的视野，并逐渐开创出一个全新的共享经济时代。

2010 年，《时代》杂志把协同消费列为未来影响人们的十大理念之一；2011 年 4 月，汽车共享服务公司 Zipcar 在纳斯达克上市，首日市值就突破了 10 亿美元；2015 年 2 月，共享经济的标杆 Airbnb 进行了新一轮融资，估值高达 200 亿美元……我们不难发现，共享经济不但越来越多地走入人们的视线，而且正在以其革命性的力量颠覆传统产业的经济模式。

本质是闲置资源使用权的暂时性转移，即将个体所拥有的作为一种沉没成本的闲置资源进行社会化利用。

共享经济的理念是对传统产权观的一种革新和颠覆。不同于传统产权中归属权和使用权的统一，共享经济将支配权与使用权相分离，侧重于对使用权的最大利用。简单来讲，共享经济以"不使用即浪费"和"使用所有权"（access over ownership，通过使用达到"占有"）为基本理念，倡导"租"而非"买"，鼓励人们彼此分享暂时闲置的资源，从而达到资源的最大化利用。

在"互联网+"时代，随着移动网络智能终端的普及，市场交易越来越呈现出分散化、碎片化的特点。以互联网的应用和普及为基础的共享经济，在某种程度上可以看作是一种新型的信息消费形式。因为共享经济交易的前提，是网络平台上信息的交流和分享。而这种对信息和资源的共享理念，也必然会是网络时代经济的重要特征。

　　传统产业的电商化转型，使得互联网时代企业的竞争，从对线下市场资源的争夺，转移到对线上信息资源的沟通和抢占。共享经济正是基于互联网时代的市场趋向，以共享为基本理念，以相互尊重为发展支点，最终实现利用闲置资源创造新价值的目的。在这一模式中，信息的沟通和共享将成为一种新的生产力，并对传统经济模式产生颠覆性的作用。

　　以 IT 领域的共享经济模式云计算为例。我们知道，这是一种基于互联网的计算方式。通过这种方式，共享的软硬件资源和信息可以按需提供给计算机和其他设备。云计算的最大特征就是"可计量的服务和按使用收费"。正是这种新型的服务模式，使云计算能够创造出最大的价值，也体现出了服务为王的互联网经济趋势。

　　作为一种新型的经济形态和商业模式，共享经济是以公共网络平台为载体，实现不同个体间超越物理空间限制的交流和分享，从而达成彼此闲置资源的共享和优化利用的。

　　具体来讲，不同个体通过线上工具"连接"沟通，在彼此占有的闲置资源方面（物品、服务、信息、人脉等等）进行合作或互利消费，形成"P2P"（个人对个人）的商业新模式。这种模式的核心，正如 Airbnb 首席执行官布莱恩·切斯基（Brian Chesky）所说，是"使用而不占有"。在"互联网+"时代，人们之所以接受和认同共享经济理念，主要基于三个方面原因：一是使个体拥有更多的自主权和透明度，消费行为简洁明了；二是共享双方实现了双赢；三是能够彼此信任，在消费行为上有共鸣。

　　共享经济的概念虽然早就已经被人们提出和认识，但作为一种社会现象，却是随着互联网技术、移动智能终端设备的普及和发展而出现的。目前，我国众多的新兴互联网企业也已经开始了共享经济领域的尝试，而这也呼唤着与共享经济相关的参考书目更加完善。因此，我尝试着作此书以与各位分享。

目录

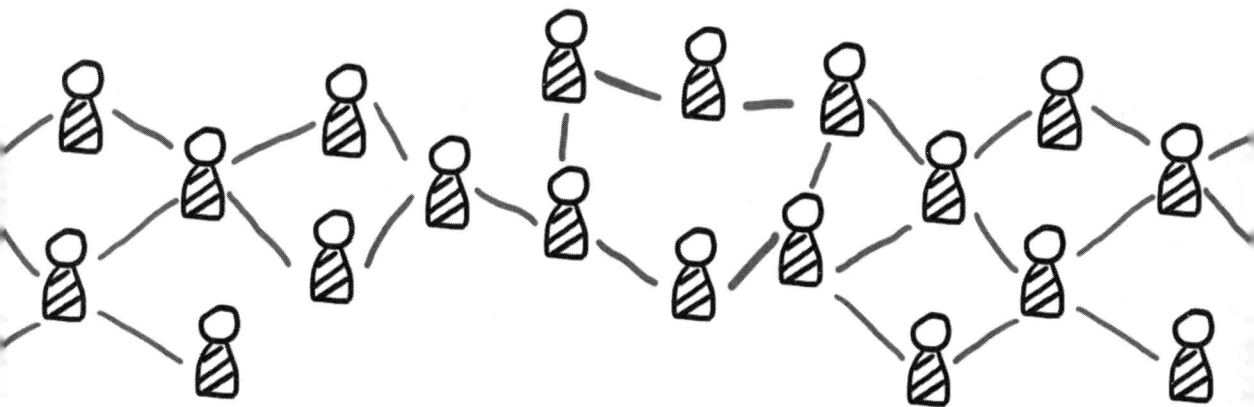

第三章

共享经济时代，商业模式的进化与创新

共享模式的价值

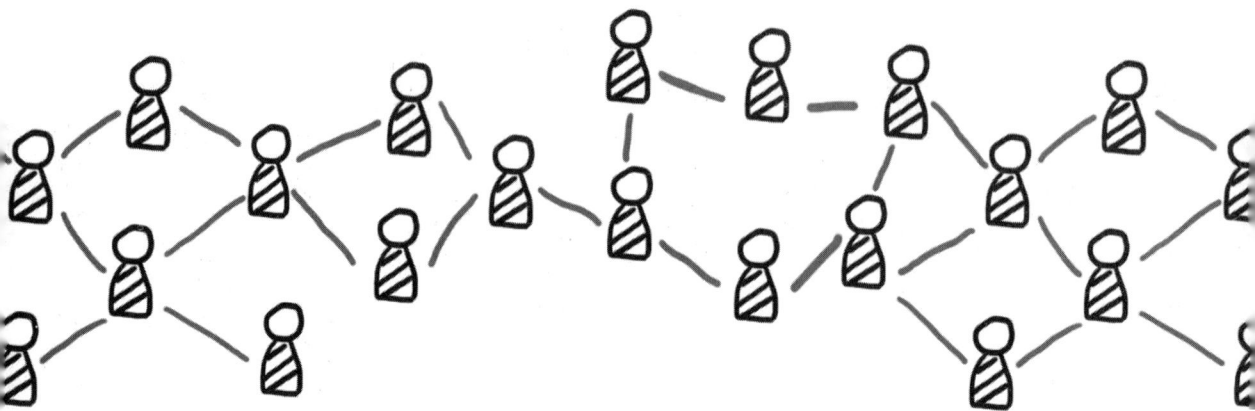

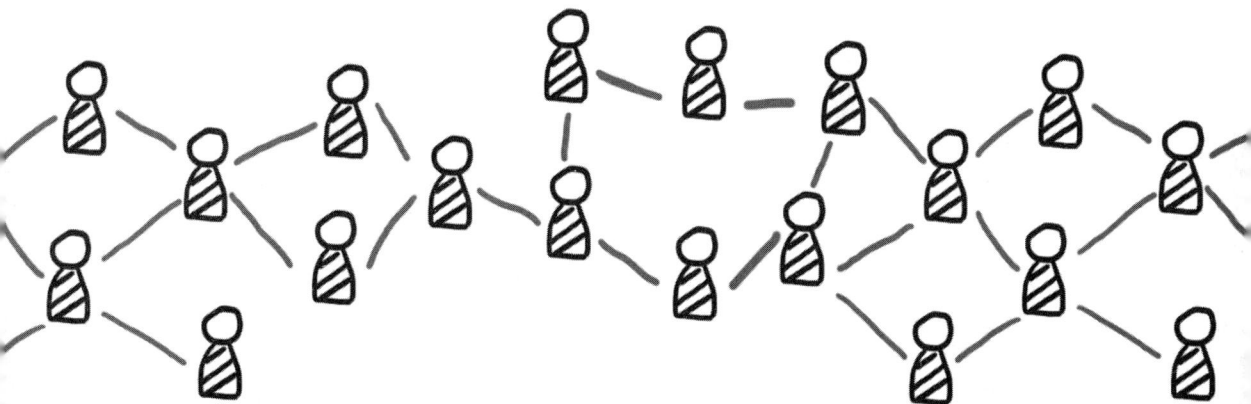

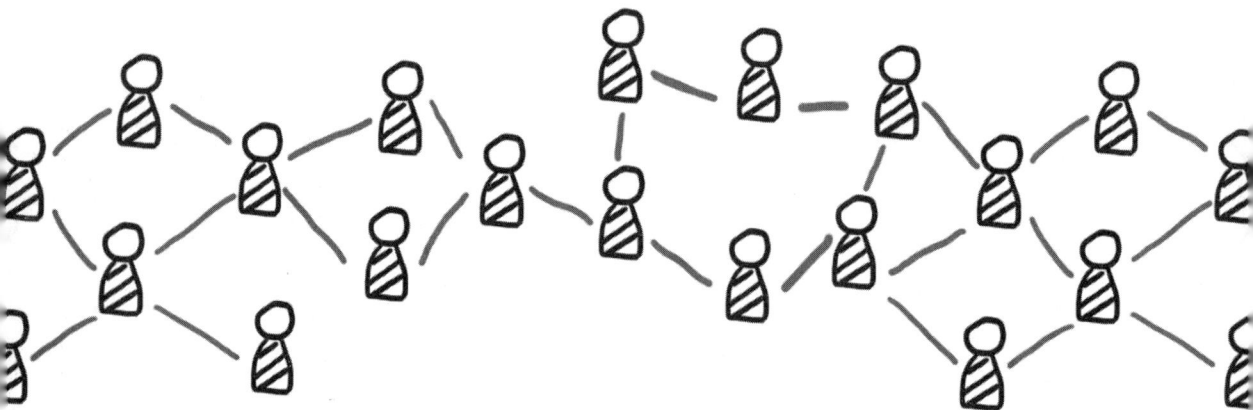

第六章

零边际成本时代来临，打造共享型短租新模式

在线短租

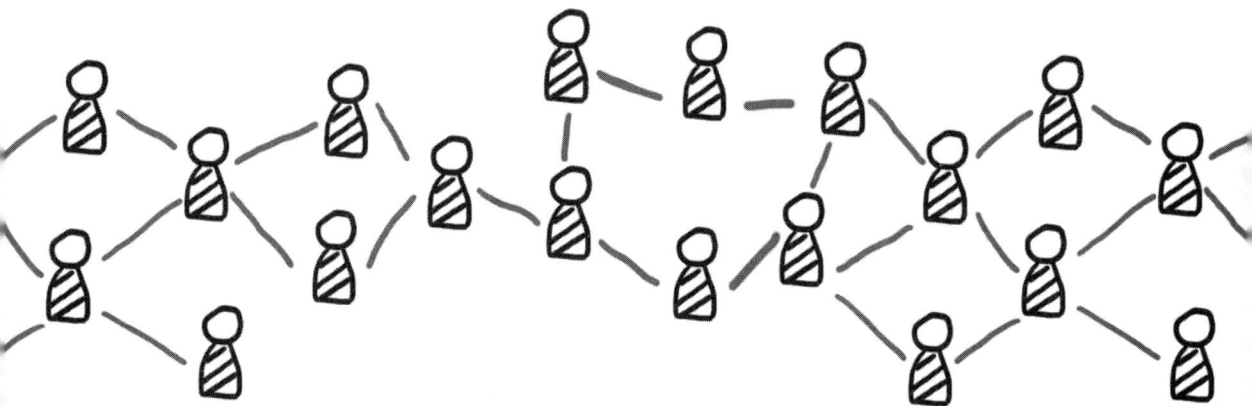

第七章

共享模式下的金融与旅游

共享理念驱动下的产业变革

第一章

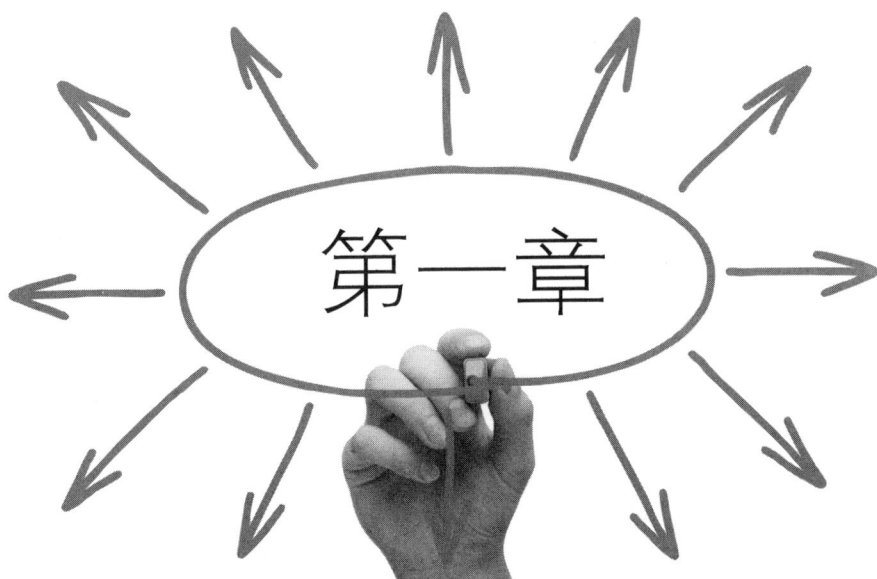

共享经济崛起：

一场正在席卷全球的颠覆性商业革命

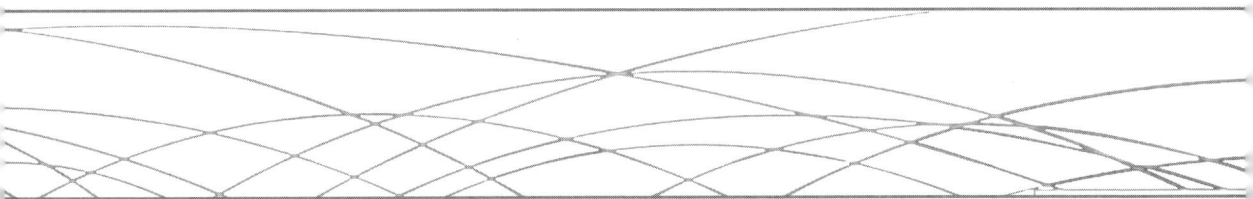

第一节　何谓"共享经济"：
一场正在席卷全球的颠覆性商业革命

何谓"共享经济"？

哈佛大学商学院商务管理教授和历史学教授南希·科恩（Nancy Koehn）认为，共享经济是指个体共享社会资源，以不同方式交换商品。理论上包含许多方面，如拼车、拼房、图书共享、生活日用品的交换等。

共享经济又称为"协作型消费"（Collaborative Consumption），在 Airbnb 首席执行官布莱恩·切斯基（Brian Chesky）看来，共享经济的核心就是"使用而不占有"（Access but not Ownership）。许多人可同时分享时间、空间等资源，而没有独占的权力。共享经济的理念在欧美等发达国家较为流行，短期服务 Airbnb 就是协同消费的新模式。

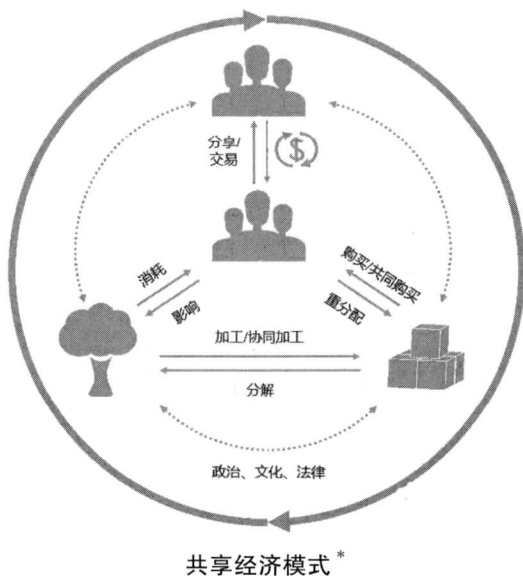

分享/交易

消耗

影响

购买/共同购买

重分配

加工/协同加工

分解

政治、文化、法律

共享经济模式*

互联网催化共享经济

随着互联网的发展，一种新的消费模式正在兴起。类似于众筹，人们可在互联网上发布自己的需求，跟其他消费者一同订购旅馆、汽车、飞机、船舶等，以较低的价格成本满足自己的需要。与此同时，出租者可以利用闲置的产品赚取额外的费用。

信息技术的发展为共享经济提供了技术支持，共享经济涉及的拼车、拼房、图书共享、日常用品的交换等方方面面均可通过互联网实现。只需一部智能手机，就可将世界各地的消费者联系起来，实现直接交换、资源共享。当今时代，互联网技术将众多的消费者集聚起来，实现市场的全球

---

　*　图片来源：艾瑞咨询

化，消费者在互联网上浏览产品信息，发布需求信息，通过互联网达成交易，享受互联网带来的更为方便快捷的服务。

1978 年，美国德克萨斯州立大学社会学教授马科斯·费尔逊（Marcus Felson）和伊利诺伊大学社会学教授琼·斯潘思（Joe L. Spaeth）在其发表的论文（Community Structure and Collaborative Consumption：A Routine Activity Approach）中提出共享经济的概念。但共享经济经过漫长的发展才逐渐被人们接受。

马科斯·费尔逊和琼·斯潘思在论文中指出，共享经济的主要特点是通过第三方建立的信息技术平台为共享基础，通常而言，政府、组织或者商业机构在全球化市场中担当第三方角色。消费者个人通过互联网平台进行产品交易，实现资源、信息的共享。2011 年的美国《时代周刊》将共享经济列为改变世界的十大想法之一。

同时，科恩在论文中从三方面论述了共享经济的驱动力：

（1）消费者在共享经济中拥有更大的掌控权，市场交易完全透明化。共享经济能够消除交易活动带来的波动性、不确定性、复杂性和模糊性，使消费者能够能动地进行交易；

（2）信任危机的出现迫使消费者寻找全新的消费模式。随着人们生活水平越来越高，人情味却越来越淡，消费者对各大商家也出现了一定程度的不信任。因此，一旦出现信誉高的企业，就会立刻引起消费者的共鸣，形成用户粘性和忠诚度。

（3）在共享经济中，消费者和供应者实现了双赢。消费者以较低的价格购买到商品，而供应者也利用闲置的物品赚取了费用，满足各自的需求。

关于共享经济的特性，"合作实验室"创建者、作家瑞奇·柏慈曼（Rachel Botsman）和企业家卢·罗格斯（Roo Rogers）在 2010 年出版的合著《我的就是你的》（*What's Mine is Yours*）中早有论述。书中提及，在人类社会早期就有了分工、合作、分享等概念。企业或组织的良好口碑将形成信誉，对消费者更具吸引力，形成资源信息共享，甚至有学者认为，"未来经济是共享的"。

在科恩分析共享经济驱动力的基础上，柏慈曼再次在《我的就是你的》一书中阐释：

（1）信息化和互联网化为共享经济提供技术支持，包括开放数据平台和互联网的广泛应用。

（2）世界人口增长，尤其是城市人口的增长，使消费能力提升，为共享经济提供了发展空间。联合国预测数据显示，到 2050 年发展中国家和发达国家将分别有 64.1%、85.9% 的人口转为城市人口。

（3）城乡收入差距日益扩大。

（4）经济危机频繁发生。2008 年由美国次贷危机引发的全球经济危机影响至今，大量人口失业，失去生活来源，迫切需要经济共享。而自然灾害（如地震、海啸、泥石流等）的频繁发生也使共享经济成为可能。

而对于共享经济的驱动力，哈佛大学法学教授尤查·本科勒（Yochai Benkler）有不同的见解。他认为"公地悲剧"是共享经济产生的主要原因。所谓"公地悲剧"是指对于一块地，所有人都有使用权，但无法阻止其他人的使用，每个人都过度使用自己的土地，导致资源枯竭。

美国环保人士安妮·丽娜尔（Annie Leonar）也持有相同看法，在影片《物品的故事》（*The Story of Stuff*）中，她强调资源的日益枯竭致使更多的人倾向于选择替代产品。共享经济可提高资源重复利用率，满足多数人的需求，减少污染，实现可持续发展。

✺ 信任体系实现共享经济

共享经济通过政府或商业组织提供的平台进行信息共享，资源互换。从其特点可以看出，实现经济共享需要两个必要条件：互联网和信任。互联网为经济共享提供技术平台，而信任则是共享经济得以顺利进行的内在驱动力。只有值得信任的关系，才会在互联网平台上保持长久的合作。此外，提供技术平台的第三方也在共享经济中实现了自身的利益追求，在未来将有广阔的发展前景。

相关数据显示，2013 年共享经济价值高达 35 亿美元，同比增长 25%。打车软件 Uber 在 2014 年 6 月成功融资 12 亿美元，市场价值从 35 亿美元飙升到 182 亿美元；租房应用平台 Airbnb 在 2015 年将获得 10 亿美元的投资，其中一半资金已确定，其资本估值高达 200 亿美元。

虽然共享经济发展形势一片大好，但也存在一些缺陷，主要集中于法律、法规领域。目前，关于共享经济的相关法律、法规还不够完善，存在灰色地带。从历史发展规律来看，政府在一定程度上的干预将会规范共享经济，使之充满活力、有序发展。

✺ 共享经济案例

根据美国政府的统计数据，美国人才市场出现供过于求的现象，甚至在职人员的收入都停止增长，经济增长停滞。2009 年《旧金山纪事报》大量裁员，费雷德里克·拉尔森就是被裁员工中的一名。当时拉尔森已经 63 岁，膝下的两个子女正在读大学。

现在，拉尔森是旧金山艺术大学的一名教师，同时也是夏威夷一所学校的外聘教师，生活水平和福利待遇已无法与 2009 年相比。拉尔森的被裁，使之成为经济革命大数据的组成部分。这场经济革命改变了大部分人的工作性质和思维方式。每个月，拉尔森通过租房应用平台 Airbnb 将其位于马林县的住宅出租 12 天，而租金高达每晚 100 美元，收益的 97% 归拉尔森所有。与此同时，他通过汽车共享服务 Lyft 将其普锐斯出租，租金为每晚 100 美元，每周共出租 4 个晚上。

但是，拉尔森需要在出租住宅的晚上搬到临时搭建的房间去，或者在健身房里打发时间。但出租住宅和汽车使他每月可以获得 3000 美元的报酬。拉尔森说："我得到了一种产品，那就是我用来共享的物品——普锐斯和我的房子。它们是我的两个收入来源。"拉尔森对这种通过出租闲置资源获得额外报酬的方式乐此不疲，他还打算出租自己的摄影器材。

共享经济为闲置资源创造了市场价值，使拥有者获得额外收入。目前，越来越多的物品可以通过网站实现经济共享。比如，马路边一块闲置的空地可以通过停车位租赁平台 Parking Panda 生成租金；家中闲置的房间可以通过宠物寄养平台 DogVacay 出租，获得额外收入。

用户可以通过租赁平台 Rentoid 将闲置的野营帐篷出租给其他户外运动爱好者，而获得每天 10 美元的报酬；而家中闲置的电钻也可以通过二手出租应用平台 SnapGoods 出租给需要的消费者，每天获得 10 美元的额外收入。自行车也能够通过自行车租赁平台 Liquid 出租给观光旅游的游客，获取每天 20 美元的收入。种类多样的租赁网站为出租者和租赁者提供了便捷的交易平台，实现了双赢。

共享经济将如同 YouTube 一样影响整个世界的消费观念，颠覆传统的企业经营模式，改变个体用户的工作性质，使每个人既是产品的生产者，又是商品的消费者。

共享经济的四大优势

共享经济的四大优势

（1）规模扩张快。与传统的经济模式相比，共享经济模式不仅能够最大化地利用社会资源，而且资源管理的成本更低。这样一方面，在企业扩展既有市场的过程中会更加顺畅；另一方面，当企业需要进入新的市场时，其成熟的线上平台也可以发挥原地面人员的效用，有利于企业规模的快速扩大。

（2）灵活性大。由于共享经济模式更加合理、高效，因此其具有很大的灵活性，在面对竞争、监管以及市场等形势的变动时，能够更加主动快速地做出相应调整。

（3）资本效率高。与传统经济模式不同，共享经济的主旨在于对社会资源进行最大限度的利用，因此该经济模式的资本效率更高。

（4）进入门槛低。共享经济所体现的绝不仅仅是一个理念，其以各种创新技术作为支撑，当人们利用共享经济的平台分享自己的资产、时间、技能等闲置资源时，不仅进入容易、成本更低，而且获取的收益更高。

☀ 共享经济的悖论

共享经济通过不同行业的平台，可以实现供应者和消费者的双赢，但是不同的网站平台之间缺乏互通性。比如，在 Airbnb 网站上获得好评的服务，无法在 Uber 或是其他平台上看到。

服务平台之间的断裂性，使消费者经常上当受骗。如一个人在 Airbnb 上强占供应者的住宅，这样的信息只能在 Airbnb 上流传，那么，这个诈骗者就可以继续在 Kickstarter 等其他平台上继续诈骗。而信息共享则能有效避免用户损失，让诈骗者无可趁之机。

平台之间信息断裂，在一定程度上将自身局限于一个狭小的空间内，束缚了发展。比如，在 eBay 或 Amazon 上信誉很好的卖家，如果想在其他平台上开店，就需要再次从零做起，而无法嫁接以往的信誉。

平台之间的断裂性不仅给供应者带来不必要的麻烦，对消费者也有消极影响。

与此同时，平台间的断裂性也会制约其自身的发展，无法实现信息共享，增加失败风险和运营成本。

即使平台间断裂性会产生众多负面影响，大部分公司依旧不愿意与其他企业分享自己的信息，企图在短时间内迅速获利。目前，由于许多企业存在错误的观念，认为共享经济只利于强者的发展，共享经济正步入"协调失灵"的陷阱，形势将变得更遭。如果能将共享经济由设想变为现实，将有助于更多的企业发展。

第二节　势不可挡的共享经济：
经济形态与产业结构的颠覆与重构

假设这样一个场景：在一个小区内有好多妈妈都同时在家里照看孩子，但是其中一位妈妈突然有事需要外出，但是孩子却无人看管，而通过一个平台能够为这位妈妈在小区内找到正在空闲的妈妈，可以有偿帮助这位妈妈照看一下孩子。面对这样的选择，如果你是这位有事的妈妈，你会选择将自己的小孩交给陌生的妈妈来看管吗？

从国内的现实状况来看，大多数人是反对这种做法的，其实原因不外乎对孩子安全的考虑，主要还是受国内低信任度社会环境的影响，而这一大背景也决定了"共享经济"模式难以在实践中推行下去，有些悲观的人甚至认为，国内的环境根本不适合"共享经济"模式。

事实上，每一种新兴事物的兴起往往都会在社会上引起巨大的争议，比如互联网服务以及共享经济。互联网服务为人们的生活提供了极大的便利，同时也存在大量的隐患；而共享经济在赋予闲置的物品以服务价值的同时，也要考虑其中可能存在的风险。事实证明，互联网服务已经成为人们生活中必不可少的一部分了，而共享经济虽然从现在来看很多人都不认可，但是未来或许这也将是一种重要的经济形态。

☀ "共享经济"创造了新的市场

旧金山州立大学的学生萨布瑞娜·赫尔南德斯（Sabrina Hernandez）在 DogVacay 网站为有需要的用户提供照看宠物狗的服务，每晚的照看费用是 40 美元，在短短一个秋天的时间里，她平均每月的收入能达到 1200 美元，她还认为做这份工作要比在星巴克做客户服务开心得多。

曾经有研究机构专门针对在线房屋租赁网站 Airbnb 对旧金山经济的影响做了一项调查，结果发现：人们之所以愿意在旧金山长时间逗留，主要原因在于因为 Airbnb 的租金要远低于酒店，甚至有 14% 的 Airbnb 用户提到说，如果没有 Airbnb 网站，他们根本不会来旧金山旅行。

共享经济的出现对于个人以及服务来说都是一个新的机遇。比如十几年前网上购物刚在美国出现的时候，刚开始消费者一直都在顾虑网上购物的安全性，后来在亚马逊等网站上购买成功之后，逐渐增加了消费者网上购物的信心，让他们更加放心地在其他网店购买。

著名的海外代购网站易趣网最开始只是一个点对点的交易市场，但是现在网站上的很多卖家都已经成为了资深卖家了。共享经济的发展也为企业带来了一种新的机遇。

易趣让每个人都有机会成为卖家，因此在一定的条件下，共享类网站也可以让每个人闲置的物品变成商品，同样个人的时间和服务也可以转化为商品。

将那些闲置的资产充分利用起来，发挥其原有的价值就是一种共享的观念，而这也创造了一种新的市场。

"共享经济"国外先行国内跟进

网络技术的不断提升也使得共享的成本越来越低，让人们可以以更低的成本使用共享资源，同时也可以吸引更多的人参与到共享经济中去。

在过去的几年里，共享经济呈现了稳定的发展势头，全球上千家的企业和组织为共享经济的实现提供了重要的条件。

★根据福布斯发布的数据显示，2013 年美国共享经济的价值达到了 35 亿美元，增长 25%。比如叫车服务应用软件"Uber"获得了 12 亿美元融资，市值已经超过了 180 亿美元；专门从事在线房屋租赁服务的"Airbnb"获得了 4.5 亿美元的融资，市值达到了 100 亿美元。

★贷款俱乐部（LendingClub）实际承担了银行家的角色，可以让用户贷到多余的现金，2013 年发放的贷款额度已经达到了 20 多亿美元。

★在个人对个人的租赁市场上，市场规模也已经突破了 260 亿美元，共享经济的总产值超过了 1100 亿美元。

★在德国，同样也有共享经济的形态，有超过 12% 的人利用互联网开展合作式消费，其中有 25% 的人属于 14 ~ 29 岁的年轻人。

★拼车网的拼车服务已经遍及欧洲 40 个国家，每个月使用拼车服务的用户已经达到了 100 多万。

在国内也兴起了一批印着"共享经济"标签的租车网站和手机应用软

件，并在发展的过程中出现了流派的分化：

（1）个人对个人，不提供司机，只是向客户租赁私家车，是一种 P2P 的租车模式，比如在 2012 年 5 月成立的 PP 租车，是亚洲第一家 P2P 在线租车平台；友友租车也是一个 P2P 在线租车平台，在 2014 年 4 月正式上线运营，随后获得了 1000 万美元的融资，与 PP 租车相比，友友租车更加重视"社区化"。

（2）顺风车拼车模式，用户可以通过这种模式分享车辆的空座，比如"微微拼车"和"友车拼车"。

（3）众筹模式不仅受到了广大创业者的欢迎，同时也是一种重要的共享经济形态，截止到 2014 年底，国内的众筹平台已经超过了 80 家。

共享经济的发展除催生了新兴公司以外，也推动了一些传统企业的经营方式的变革，Avis 汽车租赁公司在共享经济的影响下，开始与竞争对手一起共享一些资源，从而推动双方共同的进步和发展。

2010 年，标致汽车专门建立了一套流动租赁服务系统，只要用户成为注册会员，就可以共享公司内的汽车、自行车以及电子滑板车，2013 年底，该套系统已经成功打通了欧洲 70 个城市，资源覆盖范围进一步扩大。

德国戴姆勒汽车公司针对乌尔姆和奥斯汀提供 Car2Go 服务，用户只要使用特制卡片通过在汽车上刷卡的形式就可以将车开走。Car2Go 服务已经在美国和欧洲的 100 个城市实现了覆盖，未来可能会给公司带来丰厚的回报。

共享经济的出现和发展，可能会逐渐丰富商业领域的商业形式，未来混合模式将成为众多公司采用的运作形式，将闲置的物品发放到共享网站上，用户可以在网站上相互租借和共享。正如电子商务的发展对线下零售的冲击一样，网络共享的发展未来也将会对人们的生活产生重要的影响。

☀ 共享经济能够实现可持续发展吗？

无论从国外还是国内的案例来看，共享经济都表现出了鲜活的生命力，但是有人却对共享经济的未来充满了质疑，共享经济能够实现可持续发展吗？

共享经济之所以能够出现，主要得益于三个方面的因素：

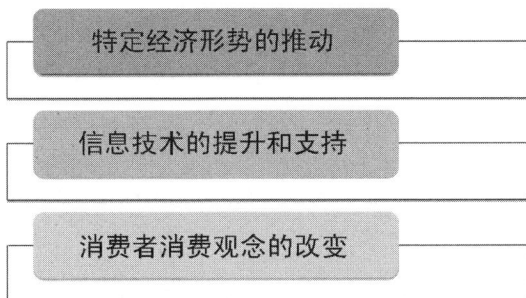

特定经济形势的推动

信息技术的提升和支持

消费者消费观念的改变

推动共享经济发展的三个主要因素

（1）特定经济形势的推动。

经济危机的发生以及收入差距的不断拉大是导致整个社会出现矛盾的重要因素，特别是 2008 年金融危机之后，不仅对整个商业社会造成了剧烈的震动，也彻底改变了消费者对所有权的认知和态度。经济大萧条让人们开始产生一种以城市为中心的新的消费理念，人们更倾向于合作式的消费模式，共享汽车、自行车，抑或是其他物品。

合作式的消费模式具有两个方面的重要意义：一方面帮助人们节省了消费成本，让人们用最低的成本办最多的事；另一方面开创了一种新的赚钱模式，物品所有者可以通过对自己的物品共享来获得一定的收益。比如旧金山的房主利用空中食宿公司将自己空闲的房屋出租，每年平均出租 58 天，获利达到了 9300 美元。

（2）信息技术的提升和支持。

计算机以及互联网等现代信息技术的不断提升，形成了信息共享的平台，比如比较流行的租车平台，有需求的用户只要利用手机上相关租车软件发送租车请求，车主在收到用户的请求之后就会与用户联系并完成之后的交易。网络搜索工具、支付方式以及识别系统等技术的不断发展，为共享经济的实现提供了重要支撑。

（3）消费者消费观念的改变。

随着新一代消费群体对网络接受度的提升，人们整体的消费价值观念也开始发生转变，借助网络优势出现的租赁以及共享模式逐渐得到了更多消费者的认可。由80后和90后所构成的新一代消费群体更倾向于利用社交工具了解和传播新闻信息，利用流媒体视频来观看视频，通过在线音乐等服务聆听自己喜欢的声音。

共享经济的出现可以让人们花更少的钱办更多的事，从短期来看会对经济的发展造成一定的影响，但是从长远来看，共享经济模式不仅可以提高资源的利用效率，同时对环境保护也具有重要的意义，会产生一种长期的经济效益。

共享经济失败的经验教训

网络技术的不断进步使得共享模式的成本不断下降，越来越多的人在消费中开始使用共享模式，拼饭拼车、互助短租等已经成为一种潮流。从事房屋短租服务的 Airbnb 就是共享经济模式的一种典型代表，在成长了四年后，公司的估值就已经达到了 30 亿美元。

在共享经济的潮流趋势下，越来越多的企业开始追赶共享经济这列车，P2P 模式的广泛应用也逐渐让共享经济形成了一定的规模。共享经济虽然是一种时代的潮流，但是并不是说追赶这股潮流的企业都能够得到好的结果。

在共享经济的世界里，人们听到和看到了许多成功的案例，但是有成功必定就有失败，那些失败的案例相对于成功来说能让企业获得更多的启示。

neigh＊borrow：

一位叫 Adam 的年轻人在整理房间的时候发现自己的房屋里总有一些工具是只使用过一次的，并且在日常生活中很难被经常用到，为了能够充分发挥工具的使用价值，他搭建了 neigh＊borrow 平台，将这些工具放在平台上供人们免费使用。但是好景不长，在投入了大量的人力、物力和财力将平台开发出来之后，由于平台难以维持运作而最终导致项目破产。

现如今，neigh＊borrow 项目已经变成一种单纯的实验项目，其创始人认为"共享经济"并不是搭建一个平台来等待大家分享这么简单，还应该明白搭建平台的目的是什么，能够为用户解决哪些问题。

Airbnb 之所以能获得成功，初衷并不是因为有闲置的空间，而是出于为有需要的人群解决住宿问题的考虑。

小米在 2013 年的时候推出了一个"Wi－Fi 分享"功能，只要小米用户进入一个有 Wi－Fi 覆盖的场所，比如快餐店、咖啡馆，只要选择使用"分享网络密码"功能，同一空间范围内的小米用户就可以直接连上加密的 Wi－Fi。小米服务器上存储了 32 万个公共场所的 Wi－Fi 密码。

不过这一功能在刚公布的时候就引起了争议，很多人认为这一功能侵害了他人的财产以及网络安全，因此在公布几天后，小米官方迫于舆论以及安全的考虑停止了这一功能，并销毁了服务器上所有分享的 Wi－Fi 密码。

☼ 共享经济将势不可挡

共享经济的出现虽然在促进经济发展以及提高资源利用率上发挥了积极的作用，但是其自身仍然存在很多不足，主要体现在产品以及服务的安全性、客户服务、质量以及监管等方面。

比如在 Airbnb 中，房屋的出租者是否需要缴纳酒店税的问题，同时阿姆斯特丹的官员也正在对其无牌酒店的跟踪调查管理；在美国，点对点出租车服务已经严重侵害了传统出租车公司的利益，因此这一项服务已经在抗议中被禁止。

虽然 Airbnb 为了能尽可能地为消费者提供最大的保护和保障而制定了一些规则，但是这些规则在一定程度上破坏了竞争，比如房间出租人需要缴纳一定的税款，但是对他们并不能像酒店那样严格，而如果没有严格规则的话，对房间和早餐征税就没有意义了。

同样在国内，共享经济的发展也遭遇了重重的困难，诚信体系缺失则是影响其发展的最大障碍。

虽然企业在运行共享经济模式的时候一直在强调安全的问题，但是国家相关监管部门在涉及此类产品的时候依然是非常谨慎和敏感的，而且一些平台提供的服务的安全性也受到了质疑，监管的难度高也使得很多行业所坚守的道德底线被破坏，一些企业甚至冒着天下之大不韪而做出一些行为。

尽管存在一些不足，但是欠缺和不足并不能成为"共享经济"发展的拦路虎。共享经济的兴起和发展，将个别的消费行为开始集聚整合并释放出了巨大的能量，从而将有效推动商业和社会的变革。

共享经济为商业和社会所带来的好处远大于其存在的弊端：

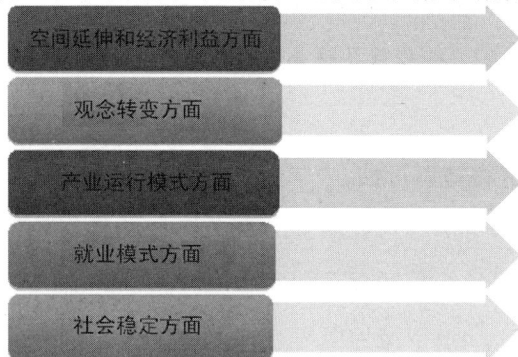

空间延伸和经济利益方面

观念转变方面

产业运行模式方面

就业模式方面

社会稳定方面

共享经济对商业和社会的变革

（1）空间延伸和经济利益方面。

共享经济的发展为交易主体提供了更大的选择空间，供需双方在网络平台上发布自己供给物品或需求的物品，不仅增加了更多可选择的交易对象，同时也可以让交易双方了解彼此更多的信息，提高交易的安全性以及交易的质量。

（2）观念转变方面。

共享经济的发展让人们转变了过去的产权观念，形成了一种合作意识。与他人分享是一种传统的美德。利用网络平台，将自己的物品出租给陌生人，不仅在一定程度上扩大了自己的交际圈子，同时也帮助人们在分享中获得快乐，丰富生活，因此分享已经成为推动社会交往的一个重要因素。

（3）产业运行模式方面。

共享经济的发展使得传统产业的运行环境发生了变化，改变了过去买卖双方的交易关系，形成了一种新的交易关系；充分发挥了闲置资产的利用价值，从而能够有效节约资源和保护环境，推动新一轮产业革命的展开。

（4）就业模式方面。

共享经济也开创了一种新型就业方式。让人们可以摆脱传统雇佣以及全职就业的模式，在家利用自己的闲置资产就可以实现谋生，同时也可以让人们有更多的时间发展自己的兴趣爱好及选择擅长的任务和工作时间，将社会成员发展成为自由职业和兼职的混合体。

（5）社会稳定方面。

资源紧张浪费、交通堵塞、环境污染严重、收入分配不公平等社会问题是很多城市在发展过程中普遍遇到的难题，而共享经济的出现让拼车、租车逐渐成为一种潮流，不仅提高了闲置车辆的利用率，减少了空座，同时也可以有效缓解城市的交通压力，改善环境状况。

共享住宅的出现不仅能让房主获得一种新的谋生手段，同时也可以为有住房需求的用户解决烦恼。而且共享经济的出现可以让社会更加和谐稳定，有效减少社会犯罪问题。

第三节　"互联网 +"时代背景下，
　　　　共享经济未来发展的十大趋势

2013 年的腾讯智慧峰会上海站上，《失控》作者、美国《连线》杂志创始人凯文·凯利（Kevin Kelly），用四个关键词概括了互联网未来十年的大趋势：屏幕（Screens）、分享（Sharing）、注意力（Attention）和流（Flow）。互联网的基本特质是开放、共享、包容、创新。其中，共享理念可以说是"互联网 +"时代下新经济模式的基础，具有巨大的发展潜力和空间。

因此，共享经济势必成为未来经济发展的主流，并以其革命性和颠覆性的力量对传统行业进行转型重

构。下面，我们将根据共享经济本身的特质，结合当前的发展情况，对共
享经济的发展趋势进行探讨。

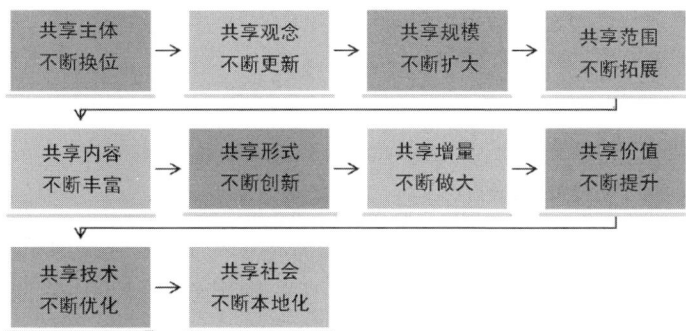

共享主体 不断换位	→	共享观念 不断更新	→	共享规模 不断扩大	→	共享范围 不断拓展

共享内容 不断丰富	→	共享形式 不断创新	→	共享增量 不断做大	→	共享价值 不断提升

共享技术 不断优化	→	共享社会 不断本地化

共享经济未来发展的十大趋势

☀ 共享主体不断换位

"互联网＋"时代下，商业活动的最大变化就是交易主体的融合，买
者和卖家的界线不再明晰。不同于以往消费者被动地接受商品和信息的情
况，今天，借助于互联网，人们不但可以主动发布自己的消费需求，轻松
地找到商品；还可以从买家瞬间变成"卖家"，将自己闲置的物品、信息
等资源有偿地共享给需要的人。

传统意义上的消费者，在今天也开始扮演着生产者、创造者和服务者
的角色。一句话，共享经济使得每一个"买者"都有可能成为他人眼中的
"卖者"，反之亦然。这种"互联网＋"下的新型经济模式，既能够充分满
足市场多元化、个性化的需求，也使每一个人都可能成为微型企业家，真
正让"大众创业，万众创新"变为现实。

正如德国汉诺威信息与通信技术博览会负责人弗兰克·珀尔施曼所
说，"互联网＋"时代，共享理念塑造了新的生活、生产和消费方式。不
同于以往对所有权的争夺，共享经济让人们更加关注资源的使用价值。

"使用"代替了"占有","消费者"变成了"使用者"和"分享者"。

SAP 公司执行副总裁奥利佛·布斯曼指出了这种转变反映的内在逻辑：在"互联网+"的数字化共享经济时代，企业间比拼的不再是产品和服务的创新，而是对瞬息万变的市场信息的精确定位和快速反应。

☀ 共享观念不断更新

其实，正如德国社会学家哈德罗·海因里希指出的，共享并不是一个新概念，其内涵是随着社会的发展而不断自我更新扩展的。从某种意义上来说，人类社会就是在共享合作的基础上不断演进发展的。只不过，在"互联网+"时代下，共享经济理念被人们明确提出并得到了越来越广泛的关注，成为经济新常态下一个重要的发展趋势。

之所以如此，主要是基于三个方面：

（1）社会价值观发生了变化。不同于以往生产主导的社会，消费社会中物质产品已经极大丰富。因此，人们以往对资源"占有"权的重视，让位给了对环境质量、社会关系幸福指数等新价值观念的追求；

（2）随着社会环境意识的增强，人们开始重视对资源的高效和优化利用，使越来越有限的地球资源发挥出更多的社会价值；

（3）新媒体特别是互联网技术和平台的发展普及，使信息的交流沟通超越了空间和时间的限制，大大降低了人们进行资源共享的成本。这是共享经济能够从理论观念转化为具体社会现象的必要前提。

对于我国经济发展来说，要想实现传统产业结构和消费方式的颠覆重构，建立起资源节约型和环境友好型的经济发展模式，共享经济就是一种必然的选择。而循环经济和环境意识的增强，再加上互联网新媒介的发展，也为这种新型经济发展模式的践行提供了条件和可能。

☼ 共享规模不断扩大

随着社交网站和在线支付等互联网业务的发展，以及移动互联网智能终端设备的普及，催生了 P2P（Peer－to－Peer，个人/伙伴对个人/伙伴）租赁式共享经济的规模化发展。因为人们不用只有前往宾馆才能租房，也不必非得到租车公司租赁汽车，而只需在线上搜索沟通就能完成。

国外的共享经济市场已经比较成熟。根据奥特米特集团（Altimeter Group，商业咨询公司）在 2013 年提供的数据，近几年共享经济模式已经催生出了 200 多家新企业，并获得了 20 亿美元的风投融资。全球最大的管理咨询和信息技术公司埃森哲（Accenture）的调查也显示出，共享经济在 2013 年的贸易总额超过了 2600 亿欧元。

另外，共享经济模式的标杆，美国在线房屋租赁网站 Airbnb，截至到 2015 年，已经在全世界 190 多个国家拥有了多达一亿两千万个房源，平均每晚为 40 万人提供住宿服务。而且在 2015 年 3 月，还宣布成为了 2016 里约奥运会的房源提供商。

国内的共享经济虽然才刚刚起步，市场还很不成熟，但近两年也取得了惊人发展。以在线短租行业为例。国内的在线短租虽然 2011 年才开始启动，不过第二年市场交易规模就达到了 1.4 亿元，增长了约 18 倍。

经过 2013 年的迅猛发展，到 2014 年底，交易规模达到了惊人的 40 多亿。随着国内旅游方式向着休闲化和家庭型的方向发展，可以预测，以共享经济理念为核心的在线短租行业，必将受到越来越多消费者的追逐，并由此获得更多的发展空间和机遇。

☼ 共享范围不断拓展

互联网的发展普及重塑了人们的思维方式和消费行为，开放、合作、共享的价值理念被越来越多的人所接受和认可。"互联网＋"时代下，共享经济彻底颠覆了传统经济学理论中内部性与外部性的关系，"使用"取代"占有"，成为人们关注的中心。

共享经济最初的范围，主要是对汽车和房屋等闲置财产的价值再创造。即暂时性地有偿转让物品的使用权，以达到物尽其用。随着互联网的发展普及以及移动智能终端设备（智能手机、平板电脑等）的流行，人们可以通过网络平台更方便地实现信息的交流沟通。这使得各种基于共享概念的经济行为不断涌现，共享经济的范围也已经远远超出原有的实物范围，拓展到了知识、需求、数据、供应等方方面面的共享。

☼ 共享内容不断丰富

从知识、数据、经验、资源到基础设施等内容，在"互联网 +"的推动下，共享经济的覆盖范围越来越广，内容不断丰富，并形成了四大相互联系协作的内容：海量的数据管理、移动通信、社交媒介和云计算。

调查数据显示，大多数城市居民的驾（乘）车里程不超过 50 公里，每车的乘客数平均为 1.2 人。这不仅增加了城市的交通和环境压力，而且每辆车都不能得到最大化的利用，造成了资源闲置和浪费。

以海量数据管理和云计算为技术支撑，以移动互联网为媒介平台，通过汽车、交通、信息、通信等行业的协同合作，可以实现共享式租车的高效运转。这种共享租车既能满足居民日常出行需求，又实现了闲置资源的优化整合利用，大大缓解了当前城市普遍面临的交通和环境压力。

☼ 共享形式不断创新

从社会发展趋势来看，开放、共享、合作已经成为"互联网 +"时代下经济新常态的主题。因此，共享经济不仅仅是一种新的经济理念和商业模式，还是颠覆与重构传统产业、实现社会的互联网化转型的重要力量。

当前的共享经济形式主要表现在各个领域的共享消费趋势上。从最早的共享车辆，到共享床位（Airbnb）、停车位（ParkAtMyHome）、家庭工具（Neiboughgood）、自行车（Spinlister）、服装（99dresses），以至土地种植（Landshare）的共享。共享经济理念在不同领域的渗透，必然会对这些领域的传统发展模式产生冲击。正如资深互联网趋势观察者提姆·赖利所说，传统租赁与共享经济式的租赁，将不可避免地实现融合。

"互联网 +"时代，社会经济的发展越来越离不开不同主体间的开放、共享和协作。共享经济理念和模式，正是顺应社会对合作共享的要求而出现和发展起来的。当前的发展情形和趋势，表明了共享经济具有广阔的发展价值和前景，正被越来越多的人所接受和认可。甚至在不远的将来，共享经济可能会成为新的中产阶层市场行为的主流形式。

☀ 共享增量不断做大

生产社会中，有限的资源使人们不得不通过"占有"的方式来获得使用权。然而，在消费社会特别是互联网时代，社会资源已经极大丰富，可以充分满足每个人的消费需求。因此，人们对资源"占有"的关注，转移到了对如何最大化地整合利用资源，创造出更多价值的关注上。

传统经济多是在有限资源存量下"你死我活"的零和博弈模式。今天，借助互联网技术和平台，人们可以更加方便快捷地实现不同资源信息的交流共享。这让更具发展活力和前景的共享经济模式成为可能。通过共享，人们可以将手中闲置的资源暂时性地有偿转让出去。这既会使社会的整体资源存量变大，又使得共享主体得到了额外的收益。

☀ 共享价值不断提升

总部型的传统经济模式，已经越来越无法满足市场个性化、多元化、碎片化和分散化的消费需求。而共享经济模式，依托于移动互联网、云计算、大数据以及社交网络等技术和平台，实现了超越时间和空间限制的资源信息的沟通和分享，既能够对分散闲置的资源进行最大化的利用，又以此满足了"互联网＋"下市场的个性化、多元化和碎片化需求，是向服务型与创新型经济发展的重要途径。

对我国经济来说，基于合作参与价值理念的共享经济模式，则为我国的"四化"（工业化、信息化、城镇化和农业现代化）协同提供了新的发展思路。

具体而言：一方面，共享经济可以通过互联网的无限开放性和包容性，让我国的二、三线等中小城市获得与大城市同等的发展机会，推动我国的城镇化发展；另一方面，以大数据和云计算为技术支撑和框架的共享经济，势必会以其颠覆性的价值理念和经济模式，实现对传统商业和经济的重构，为我国借助互联网革命的发展创新更多的契机和空间。

共享技术不断优化

从某种意义上来说，正是互联网和信息技术的发展，让"共享"这个并不新鲜的理念变成了现实，并焕发出巨大的发展活力。例如，云计算（cloud computing）是一种按使用量付费的模式，这种模式提供可用的、便捷的、按需的网络访问，进入可配置的计算资源共享池（cloud，包括网络，服务器，存储，应用软件，服务），这些资源能够被快速提供，只需投入很少的管理工作，或与服务供应商进行很少的交互。

这样，资源的每一次使用都能够创造价值。可以看出，正是通过云计算和其他互联网技术，"共享经济"得以找到一个实践支点，从一种单纯的理念变为一种社会现象，并不断地发展、优化、更新。

☀ 共享社交不断本地化

共享经济关注于资源、信息的交流、汇聚与整合，以实现资源的最大利用。移动互联网和智能终端技术带来的本地化共享经济，则是一种新的社交活动形式。除了音乐、电影、软件等产品外，由互联网所带来的各种虚拟 P2P 活动，还越来越多地涉及借贷等金融内容。这些活动促使着共享社交的不断本地化。

比如，2006 年，乔纳·佩雷蒂（Jonah Peretti）在美国纽约创建了BuzzFeed。作为一个新闻聚合网站，BuzzFeed 从数百个新闻博客中获取订阅源，通过搜索、发送信息链接，为用户浏览当天网上的最热门事件提供便利。通过多年的发展，BuzzFeed 让自己的内容风靡社交网络，并获取了可观的盈利，被称为是媒体行业的颠覆者。

第四节　思维与商业的变革：
共享行为引发的商业价值链"大洗牌"

　　一条在汽车共享领域的爆炸性新闻深深牵动着在此领域已经有所成就的 ZipCar 公司的领导高层，同样做私家车共享市场的 Lyft 在 C 轮融资中获得风投机构6000 万美元的投资，私家车搭乘共享领域的硝烟弥漫，几个想要在这个领域的掘金者展开了激烈厮杀。

　　共享经济所渗透到的领域又何止是私家车搭乘领域，在家庭房间出租领域有 Airbnb，在停车位共享领域有 ParkAtMyHome，在家用工具领域有 Neiboughgood，在服装的领域有 99dresses……

其实之前的《经济学人》曾预测共享经济的规模将会达到数百亿美元，只是这种模式还没有被经济学界的主流所认可，许多人对它持有像比特币一样的质疑态度。历史告诉我们新的事物的诞生过程就一直伴随着无数的质疑，经过一段时间的发展后其渐渐显示其生命力之时，就成为大众瞩目的焦点。

共享经济的模式也有一定的来源，共享是人生来就有的天性，正是这一天性才使得我们进化成了如今的高级智慧生物。从本质上讲，共享经济是互联网时期的信息对个体行为的增强。

在著名的脑科学家迈克尔·加扎尼加（Dr. Michael S. Gazzaniga）的《我们真的有自由意志吗？》一书中论述到：社交能力是人类天生具有的本能，一周岁的孩子会本能地将信息传递给他人，比较聪明的黑猩猩就做不到。共享属于自由意志的支配，但它同时也是人类潜意识中满足自己的一种表达。通常这种行为发生在同一地域的群体之中并且跟随着自由贸易的发展而发展，本质上资本主义的发展基础还是依靠于自由贸易。

实现电脑音乐、视频等共享的 P2P 技术早就于共享私家车出现之前已然兴起，它几乎改变了音乐产业，共享时常与盗版联系在一起，传统行业深恶痛绝，但最后它却得以迅速发展，直到今天已经被广泛认可，成为媒体传播方式的新分支。

这些虚拟产品的共享引发了人们的探索，数字经济也很快被人们应用到传统的行业之中。这些家用工具、停车位等看上去是属于实物的共享，但是在深层次上其还是共享信息的本质。这些信息主要产生于两个方面的盈余，一方面是来自互联网时代的时间与信息的盈余，另一方面是工业时代的生产与消费盈余。

产品出现盈余之时，生产者与消费者都会受到利益上的损害，盲目生产往往造成了产品滞销，过度的消费则是造成了资源的浪费。一些在国外滞销的产品，在国内却可能是有市无价，这属于信息不对称所带来的假性滞销。

一些时候消费者的冲动消费抑或是商家的营销手段所使无用产品成了每家每户的物品冗余，而且这种冗余物品的种类又不尽相同。实现这冗余物品的价值传递必然要依靠信息的共享，表面上看是在进行实物交换，但是在信息层面上还是与虚拟产品一般无二。

就拿 Airbnb 的用户为例，如果来自柏林的注册用户想要在北京的某个出租的房间内住上几天，这个房间的位置、大小、配套设施，甚至是之前的消费者对这间屋子的评价必须详细而且精确，没有这些信息消费者通常也不会选择租用这间屋子。

共享经济在个体信息传递过程中的微观选择悄然给传统商业的布局进行重新洗牌。一些共享信息的简单判别，通常不以获得回报为目的。但是共享主义形式中的共享行为在社会的经济活动中可以有迹可循，并且成为一个可以带来价值回报的产业链。这个产业链中参与者的信用构建了链条中的信任体系，其在逐步发展的过程中还带来了价值收益。

共享模式的应用下，人都要搞清楚自己拥有的、可以用来共享的权力以及共享的对象与共享之后所获的收益。现在一些共享经济模式运营的企业都是只收取共享所带来价值的少部分佣金，大部分的利润通常都返给了提供共享服务的注册用户，这就实现了价值利益的有效分配，使得这种模式可以继续发展下去。

《共享主义：一场思维革命》一书中曾经介绍过网络日志的兴起原因：互联网时代的共享模式的回报表现在四个方面：吸引注意力、发生联系、进行交换、社会信用。它们彼此互相交错，使得大众都有机会成为提供共享的服务者，并且都会享受到共享所带来的收益。

　　组织机构的共享显得更为重要，著名的经济学家唐·泰普史考特（Don Tapscott）在《维基经济学》中论述到：网络协作成本的进一步降低，使得一些擅长使用横向力量的企业获得成功，规模经济效应的结果需要经过物竞天择机制才能显示出来，维基百科能够获得巨大的成功在于其颠覆性的四个要点：开放、平等、共享、全球参与。

　　这几个要点在传统的经济结构运行模式下很难达成，先说"开放"，它违背了传统企业所追求的商业机密与垄断下的专利规则；再说"平等"，它与存在于企业中的组织架构中的阶级相违背，一些领导者对此是坚决不允许的，例如：三星的董事长李健熙视察工厂时就禁止员工透过玻璃"俯视"他，甚至员工的汽车必须停在大楼后面，这样就避免了"不入流"的汽车进入他的视线。"全球参与"就更难实现了，语言、文化、宗教等问题就使得这一点似乎不可能实现。

　　多年以前，博客刚进入中国时许多人就"看衰"它，他们认为这只不过是昙花一现，一段时间后就会被遗忘。谁曾想其继续发展且后续的网络信息共享巨大风暴，使得人们甚至开始将自己的物品信息去上传到 eBay、淘宝等，以此获取巨大收益。

　　专业机构也在这场风暴中低下了"高贵"的头颅，同"草根"一起开始共享，推动了冗余产能的减少。这些经济活动虽然不能与维基百科所成就的知识共享相提并论，但是也给了人们学会如何增加自己的社会信用的机会，人们通过这种实践活动了解到下次如何最大程度上使得交易获得成功。能够带来中国经济腾飞之路的推进器，恰恰就是这种真正体现自由的共享经济的全面释放。

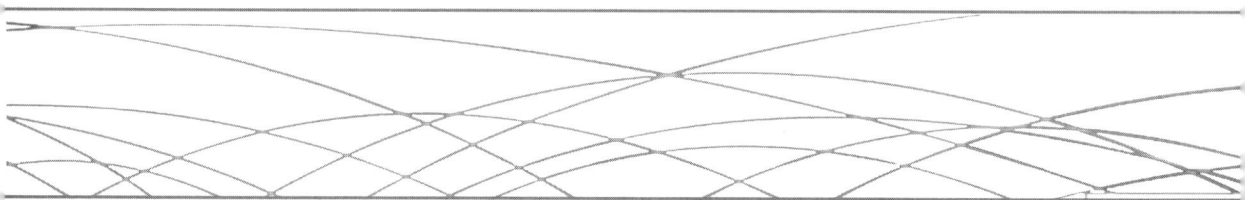

第五节　新形态 VS 旧势力：
Uber 与 Airbnb 野蛮生长背后的商业博弈

  Uber 作为典型的共享经济代表，最近可以说是风头正盛，一边在与成都、广州与中国监管机构抗衡，一边还在进行疯狂地扩张和融资．2015 年 5 月，Uber 再次公布了新一轮的融资计划，融资额度为 15 亿美元至 20 亿美元，此次融资对公司的估值将达 500 亿美元。

  如果能够成功实现融资，Uber 自成立以来的累计融资金额将超过 50 亿美元，Uber 也将成为史上获得风投资助的最有价值的创业公司。在比较流行的旅游 O2O 中，出行和住宿是旅行中的重要方面，因此共享经济除了在交通方面渗透之外，还渗透到了住宿领域，典型的代表就是 Airbnb。2015 年 3 月，有消息称 Airbnb 正在开展 10 亿美元的融资，其估值也已经超过了 200 亿美元。

在硅谷，如果科技初创公司的估值能够达到 10 亿美元，那么这一类公司被统称为"独角兽"（unicorn）（独角兽是神话传说中的一种稀有物种）。而彭博财经将公司市值超过 100 亿美元的科技公司定义为"十角兽（decacorn）"，能够达到这种程度的公司可以说在能力方面绝对是超凡的，比如 Pinterest、Dropbox、Flipkart 等。

在硅谷企业史上，Airbnb 花了 5 年的时间实现了估值达到百亿美元，其次是 Uber 花了 6 年时间，排在第三位的 Linkin 花了 10 年时间，而星巴克花了 32 年的时间达到百亿美元量级。而且 Airbnb 估值在硅谷科企业史排在了第三位，仅次于拥有 88 年发展史的万豪和拥有 108 年发展史的希尔顿。

Uber、Airbnb 高估值带来的泡沫隐忧

科学技术水平的不断提升赋予了公司更大的变革能力，但其中也隐藏着众多的泡沫隐患。共享经济的流行吸引了众多投资者的目光，众多的资本开始纷纷涌向共享经济领域，2008 年发生的次贷危机让美国经济受到了重创，同时期次贷危机的影响也延伸到了以房地产为代表的实体行业，实体经济领域的投资热情遭到了严重的削弱，而共享经济恰好是在次贷危机发生期间崛起的，Airbnb 与 Uber 就分别诞生于 2008 年和 2009 年。

共享经济就是将闲置的资源利用移动互联网技术提供给有需求的用户，互联网平台在其中主要发挥资源组织以及调度管理的功能，并推动形成一种产品品牌。从法律上来讲，互联网平台就是一种平台服务供应方，而个人则通过独立承包的方式为有需求的用户提供相应的服务，互联网平

台则收取一定的服务佣金作为收益。

共享经济也被称为合作消费2C（Collaborative Consumption），可以用三个重要的单词来描述该模式：

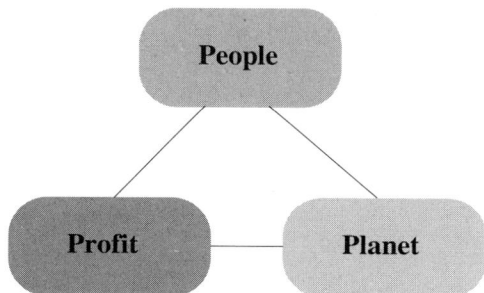

共享经济模式的内涵

★People：合作式的消费可以让需求者享受到更好的服务；

★Planet：通过共享的方式有效节约地球上的资源；

★Profit：为企业和个人带来丰厚的利润回报。

而这种相对比较理想化的共享经济诞生在了硅谷，引来了一众投资家的追捧。其中提供在线租车服务的Uber以及短期租房服务的Airbnb赢得了广泛的关注，其热度已经延伸到了中国地区。

在中国，类似于Uber的租车公司包括滴滴快的专车、易到用车、一号专车等；而类似于Airbnb的提供短租服务的公司包括小猪短租、爱日租以及各种各样的短租O2O公司。

这些公司在刚崛起的半年时间里都得到了广泛的资本支持，虽然很多公司的资本还处在天使阶段，但是其资本的狂热度已然窥见一斑。市场上也出现了泛Airbnb模式的延伸，比如在美甲领域的河狸家以及美食领域的觅食等都打着美甲或美食行业的Airbnb旗帜。

因此资本家在投资以及创业者在创业的过程中需要警惕这一现象，不要因为单纯的概念炒作而失去其商业的本质。共享经济的崛起和发展就意味着新旧势力之间的博弈，应该怎样看待这两种势力之间的博弈，在经过博弈之后有多少泡沫能够被挤出来？这才是需要关注的关键问题。

❋ 新经济形态与旧势力之间的博弈

Uber 业务已经遍布全球 50 多个国家的 260 多个城市，2014 年，Uber 开始进入中国市场，并在北京、上海、杭州、深圳、广州等多个城市进行了布局。以 Uber 为代表的共享经济表现出了强劲的发展势头。

在住宿领域，新经济形态与旧势力之间的博弈将更加鲜明，硅谷著名的投资家彼得·蒂尔（Peter Thiel）在投资共享经济的时候选择了 Airbnb，而不是 Uber，在他看来，每一个出租的房子都有自己独特的特色，而这些特色就可以足够吸引消费者。而在租车行业，每一辆车因为都是一样的，因此对消费者来说选择哪辆车子都一样，而并不关心车辆来源于何处。

所以说在租车领域，相似的商业模式之间的竞争激烈程度也远远高于住宿领域，因此共享经济在住宿领域的竞争焦点主要在新旧模式之间。

所以 Airbnb 估值如此之高是因为一部分的市场份额正在从酒店流进。根据波士顿大学最新研究显示，Airbnb 的房源每增加 10%，同地区酒店房间收入就会下降 0.35%。美国得克萨斯州奥斯汀地区在 Airbnb 占有的房源数量最多，当地的酒店收入已经下滑了 13%。

著名的旅游行业新闻网 Skift 在分析之后发现，2015 年 1 月，纽约市酒店的平均入住率下降了 4.7%，纽约的酒店房间供应量在 2009 年~2014 年期间，平均每年增加 4%，而 Airbnb 的房源增加了 197%。

2015 年 1 月，巴莱克银行发布报告称，Airbnb 的预定量已经基本保持在每年 3700 万间夜，并且这一数字依然在持续增长，预计未来两年内 Airbnb 的预定量可能会增长到 1.29 亿间夜，规模将超越洲际酒店。

新经济形态与旧势力之间的博弈最重要的就是要实现突破性，而共享经济能否保持红利，关键在于旧势力的自我革新能力以及新形态的成长能力。

☀ **共享经济的突破点在何处**

突破点

寻求与传统服务的差异

增加社会闲置资源的存量

平衡和协调各方的利益

推动供需双方服务保障体系的构建和完善

善用社会资源

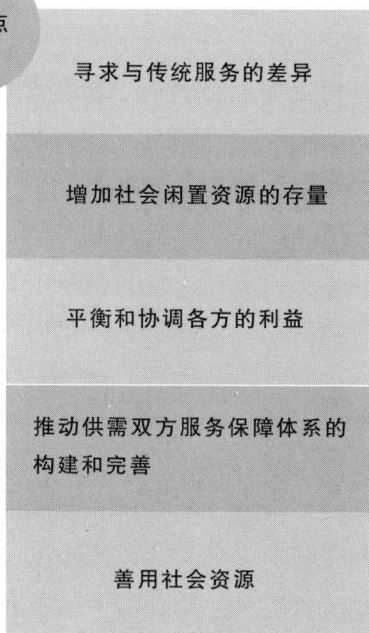

共享经济的五个主要突破点

（1）寻求与传统服务的差异。

对于 Uber 以及国内的租车公司来说，与传统租车服务相比最大的优势在于能够对闲置资源进行再利用和提高资源的利用效率。Uber 利用计算机算法系统可以在最短的时间里进行精准派单，这一快速、精准的优势也吸引了众多的闲置车辆资源。

在租房领域，Airbnb 和小猪短租等在线短租网站的出现不仅提高了对闲置房产的利用效率，同时还催生了"社交性旅游服务"，房东可以通过出租房屋的方式结交更多志同道合的朋友，扩大自己的人脉圈子，并通过这种个性化交往方式提升客户的入住体验，这种具有情感意味的在线短租服务能更好地抓住消费者的目光。

（2）在提高资源利用率的同时增加社会闲置资源的存量。

随着 Airbnb 在全球范围内的扩张，这种方便、快捷的在线短租方式逐渐被更多人认可和接受，同时在国内的影响力也在不断提升。经济发展水平以及消费意识的提高，让消费者开始对住宿以及出行有了更加个性化和多样化的需求，从而也将更多的社会闲置资源吸引到了共享经济平台上。

（3）进行良好的沟通，平衡和协调各方的利益。

虽然共享经济在以一种极快的速度成长起来，但是其在发展过程中也伴随着处理与相关监管机构的关系的问题，其实从本质上而言，协调与监管机构的关系就是如何平衡各个相关利益方之间的利益分配的问题。

比如，Uber 在发展过程中要平衡好与当地租车公司之间的利益关系，Airbnb 不仅要协调好酒店行业以及在线短租行业之间关系，同时还要考虑出租人与房主之间的利益平衡关系。在平衡好各方关系的基础上寻求发展不仅能够促进双方更稳定、顺畅的发展，同时也有利于促进整个社会的和谐。

（4）推动供需双方服务保障体系的构建和完善。

不管是国外的 Uber、Airbnb，还是国内的小猪短租，在供需双方都同时面临着服务保障体系方面问题，为了能有效地解决这一问题，就需要引入征信体系，构建比较完善的保险以及索赔投诉体系，同时还要不断健全沟通机制，保证供需双方能够进行公平、顺畅的对话，从而为共享经济领域商业模式的确立奠定良好的基础。

（5）善用社会资源。

在大型的热门事件面前，Airbnb 有自己专门的一套应对模式，比如在重大赛事或活动面前，某些国家或地区就会有大量的外来者涌入，而城市内酒店的承载数量是有限的，这时候 Airbnb 就凸显了其独特的优势，可以将城市内居民闲置的房间集中起来放在平台上，为有需要的消费者提供住宿服务。在满足消费者租房需求的同时也可以为当地居民带来一些额外收入。

第 31 届夏季奥林匹克运动会将于 2016 年在巴西的里约热内卢举办，为了满足即将到来的住房大潮需求，巴西已经开始启用在线房屋租赁服务公司为其提供重要的客房资源，而 Airbnb 就是其中一个参与者。同时在英国，政府也在积极鼓励公务员在出差的时候选择入住 Airbnb。而在国内举办的广交会，小猪短租就可以借此发挥更大的功能，让更多的人接受和认可其服务模式。

新经济形态与旧势力之间是一种冰与火的关系吗？正如 O2O 的发展一样，如果新经济形态与旧势力能够实现融合协同，那么带来就不是此消彼长，而是融会贯通之后迸发出新的火花。

第二章

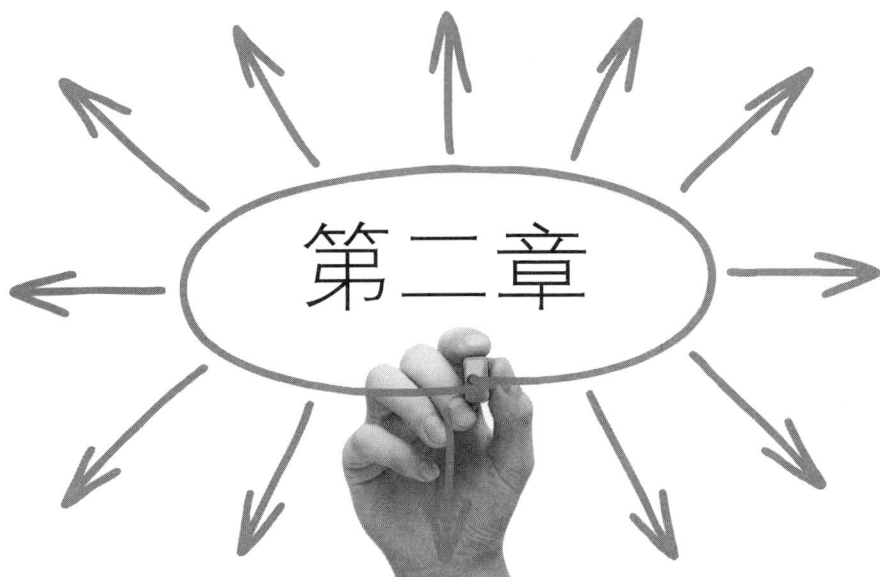

共享模式下的企业与个人：

共享经济如何改变商业、工作与生活

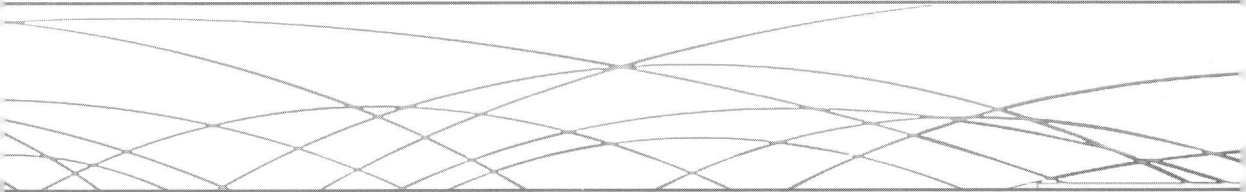

第一节 互联网时代的新秩序：
共享经济模式下的社会资源重新配置

　　毫无疑问的是，Airbnb、Uber 是共享经济模式实践的最佳代表。不过从整体上来说，多数业内分析人士都认为，Uber 产生的作用要比 Airbnb 更大一些。这是为什么呢？我认为这可能是因为 Uber 相当于司机，而 Airbnb 如同二房东。

　　加入 Uber 的司机拥有很大的自主权，他们是否通过这种方式与顾客建立纽带是完全由自己决定的，不过只要是使用这种方式，那服务的价格就是由 Uber 公司来定的。也正是因为这样，有人说 Uber 的司机不能算是真正意义上的雇员。甚至招致非议，有人称 Uber 这么大型的企业却要拼命地榨取司机辛辛苦苦得来的血汗钱。

再来看一下 Airbnb，它的经营方式体现出双赢特点，Airbnb 从中获得了利润，顾客也不必天天住在昂贵的酒店里，而一个能带来家的感觉的比较稳定的居住场所，双方各取所需，而且客户的反馈也都比较好，可谓是一举两得。

不过，也有人对 Airbnb 的运作表示不满和抱怨，对于酒店企业来说，Airbnb 发展得越好，给他们带来得压力就越大，所以在他们看来，Airbnb 抢了他们的生意。Airbnb 自诞生以来，一直在强调"家"的价值理念。该公司于 2012 年对外公布了自己的新品牌，也明确了市场定位。对此，内部管理高层是这样表示的：

Airbnb 公司最早接待顾客开始于 2007 年，那时该公司的规模还不是很大。顾客在入住之前进行了预订，他们原本想的是只要能够找到一个住的地方就可以了，但结果表明他们的选择是物超所值的。Airbnb 的管理者带他们去了附近比较有特色的小店，告诉他们这里的哪些食物比较可口，虽然他们不是在自己的故乡，但也不再感觉自己是完完全全的外地人。

Airbnb 的创始人最初的动机是为朋友之间转付房租提供便利，这个想法经过发展和延伸已经具有了更大的价值。Airbnb 的创始人及管理者也发现，与之前的 Airbnb 品牌相比，Airbnb 社区更受欢迎和青睐。为了获得更长远的发展，Airbnb 的创始人和管理者对自己公司之前的发展进行了总结、归纳和深入的分析研究，他们尝试着在分析中找到对 Airbnb 最好的概念理解和清晰明确的定位，并获得了成功。

很长一段时间，只要提到 Airbnb，多数人都会这样反应：是出租房屋的。然而，Airbnb 并不仅仅停留在这个层面上，他们致力于带给顾客家的感觉。也正是明确了这个定位，才使得 Airbnb 获得了进一步的发展，如今已经在世界各国建设了 Airbnb 社区。创造归属感也是该公司价值的关键组成部分。

有些地区也很看重房屋出租行业的发展，而这些地区的专业人士非常不认同 Airbnb 的经营方式，他们觉得该方式是对传统模式的打断，让房东在经济利润的驱动下选择 Airbnb。举个例子，巴黎是 Airbnb 的第一大市场，2015 年，相关管理机构检查了 Airbnb 的部分房屋，并明确表示对 Airbnb 的不支持。

据他们的检查结果显示，巴黎存在的出租公寓数量达到 3 万，在巴黎全部房屋中占的比重为 2%，然而这 3 万出租公寓中有 2 万个并没有得到经营许可。对此，Airbnb 给出的答复是，这并不属于平台内部的问题，因为大多数的房东并没有说明自己还要出租自己主要住宅之外的房屋。所以他们不知道有多少个房屋没有得到经营许可。

有专业人士和部分酒店业主不赞同将旅游公寓进行全天候出租。法国酒店联盟主席罗伯特就是其中之一，在他看来，这种方式根本不是共享经济模式的实践，只是被利益驱动、无法公开的方式。

罗伯特的看法，揭示了专业人士在探讨"共享经济"时各执一词的缘由。比如，我熟知的一个从事房屋租赁的朋友，在他的业务范围内，Airbnb 提供的可以出租的房屋占了很大的一部分。

所以真实的状况是，在 Airbnb 租房的顾客，并没有像上文中所说的，会经常跟房东去附近的小店或者品尝当地的特色食品，纵使 Airbnb 的创始人和管理者把这个故事讲得非常吸引人。但是，就像罗伯特伯爵所表示的那样，Airbnb 的经营方式经不起公开的检验，那么这又是因为什么呢？

❋ 工业革命

关于工业革命给人们的生活带来的巨大影响，有专业人士这样描述：

在工业革命之前，绝大多数的人都没有意识到归属感的重要性。村落发展到一定的阶段就成为城市，人们之间都彼此熟悉，多数人都拥有自己的家。然而，20 世纪发生了一场机械工业革命，使传统格局发生了改变，组团旅游及机械化的生产让人们的归属感下降，人们之间的信任度大幅下降。随着时间的流逝，原来的社区也发生了新的变化。

该专业人士着重强调旅行的影响，然而，他的这种说法并没事实依据。之前，土地是绝大多数人赖以生存的基础，但这些土地并不是掌握在自己手中，而是由教堂、地主垄断，统治阶级为了维系自身的发展，限制商业活动的自由。

地主和教堂的这种垄断局面被工业革命和农业革命的出现打断了。另外，工业革命促进了技术水平的提高，纺织机等一大批新技术出现，使人们有时间研发新的商品拿到市场上出售，这样就能提高自己的生活水平和质量。

无可否认的是，发生于 20 世纪的工业革命确实加速了人类前进的步伐。事实上，这只是将工业革命之前人们的工作状态做了一下概括，也是所谓的"专业化"，不仅要耗费大量体力，还很枯燥，这和 Uber 把加入他们的司机叫做"创业家"是一个道理。

是的，工业革命之前农民和地主之间的关系就如同之前出租车司机与出租车公司之间的关系是一样的，可是，为什么大家都想表明出租车司机的待遇与之前的农民比起来更加凄惨呢？

这是由于工业革命的发展促进了法制的建设，逐渐形成成熟的法律体系。按照法律规定，不得启用童工，并提高了工人的安全保障和待遇水平。后来，在贸易领域中也实践了相关规定，不仅如此，生产和贸易的发展带动了村庄向城市的过渡，逐渐形成社会生活层面的相关法律规定。

这是必然的发展趋势。虽然如上述专业人士所描述的，工业革命之前，人们之间都彼此熟悉，但实际上，这种熟悉是受到很大限制的，而且这些人之间的共享观念具有一致性，他们都是社区的一部分。也是因为这样，设置规定也就显得没有那么必要，只要每个人管好自己就可以了，相互之间也能起到督促作用。

　　然而，工业革命的发生改变了权力结构，也使人们的生活状态有所不同，技术的发展方便了人们的沟通联系，共享观念逐渐土崩瓦解，由经济利益驱动的共享交易已经消失，所以自我约束这样的形式也不可能实现。就是因为在这种情况下人们不能够进行自身的管理，也无法像之前那样彼此督促，所以才需要设置规定、建设法律。

☀ Airbnb 与信任感

　　为了得到亲身的体验和真实的感受，我在到国外旅行时就选择了住在Airbnb 家的公寓。在最初进行选择时，我首先看到的是图片展示，然后进入眼帘的是以前住在这里的用户的反馈信息，多数用户表示他们对这里的房间很满意，周围的环境也很好。

　　在看到这些之后我马上进行了预订，当我到达这里时，确实没有失望。房间干净而美观，就像想象中那样。同时，在居住期间，我也会尽量不造成破坏，这样房间就会一直保持着这个良好的状态。之后，我也会像其他人那样，在用户反馈区发表我对这个房间的看法，这样别人在进行选择时就可以看到我的评价信息了。

　　像 Airbnb 所说的那种令人向往的情况并没有发生在我身上，在居住期间我都没有跟房东见过面，更不用说他会带领我们去附近的小店去逛逛、给我们介绍当地的特色美食了。而且，我也并没有产生一点点的归属感。

　　先不说这些，Airbnb 的经营方式确实有一个显著的特征，那就是共享观念的体现及双方都承担责任。房东为我提供了满意的房间，这样就能赚到钱，顾客则保持房屋的整洁状态。Airbnb 在这个特点的支撑下就能发展得比较好。深入来讲，与酒店相比，Airbnb 将信任作为理念的一部分，再发挥自己的品牌效应，这样就能提高竞争力。

　　将信任作为价值组成使传统酒店的运营面临着巨大的冲击，Airbnb 在竞争中找到自己的擅长之处仅仅只是一个方面。"信任"能够带来的巨大效益是不可匹敌的，这种作用在房屋出租行业上显得尤为突出。传统酒店不仅价格昂贵，而且让人无法融入，这都是它的不足之处，不过这还不是关键之处。

其实，在没有 Airbnb 的时候，房屋出租行业就已经意识到了信任的重要性。换句话说，Airbnb 的经营方式只是突出了信任的地位，但不能因为这样就说酒店没有信任可言；只是传统酒店中的信任没有那么明显，而 Airbnb 的经营方式在某些方面比酒店做得好，例如，价格更低、交通更方便等。所以很多人觉得 Airbnb 提供的服务更好一些。比如我曾经居住过的那个房间，不仅房间本身比较令人满意，而且邻居也都很和善，价格也相当公道。

而我在这里最想说的是，我的这次出行能够成功实现多亏了 Airbnb。因为酒店收费昂贵，并且住在酒店不能更深入地去了解异域的文化风情。

也是因为这个原因，相关机构在统计这些出租的房屋时会感到吃力。有许多出租的公寓是没有经过许可的，并且对外出租一个房间也并不会影响到户主的生活，再说，有些客户只是短租。

上面提到的种种因素在 Airbnb 或者像 Uber 一样采用共享经济模式的企业里都适用，支撑企业经营下去的并不仅仅是互联网的运用、信息数据或者其他技术的应用，因为系统化在经营中也发挥着巨大的作用，也不能忽视商品化的信任感所带来的效益。只是我们需要明确的是，商品化的信任感不是由此而来的，早在易趣网的发展过程中就体现出了这一点。

不过，互联网的涉足大大提高了企业的运转效率，如今，我们在预订酒店房间时已经不需要提前几个小时甚至提前几天了，而且 Airbnb 在世界各地都发展起自己的业务，这些都能体现出来。

互联网革命

在我们的认知中存在这样的理解：互联网时代虽然已经到来，但作为一场伟大的革命，它与工业革命有着相似之处，会走一段很长的路程。它会使我们的生活发生多方面的改变，生产力提升、社会生活的方方面面都会呈现出崭新的面貌。虽然我们还不能下最终定论，当我们已经看到工业革命给人类带来的巨大变化，互联网革命最终又会产生怎样的效果呢？

许多业内人士都认为可以从共享经济的发展趋势中看到人类生活将发生的变化：商品化信任的重要性越来越突出，这将使不能适应现代发展节奏的企业甚至行业出局。例如传统酒店行业，同时，为了加强各行各业的规范性，会逐渐完善法律体系和相关规章制度。

除此之外，新的变化也会带来新的问题：人们之间的信任度降低，为了避免在这方面出现问题，需要采取一些保障措施，比如成熟的司法体系的建设和不断完善。

资产性质也会与传统方式有所不同，在房屋出租行业，将会为客户提供更多的房屋以供选择，对房屋所有权的理解与以往有了区别。这种转变会从汽车上第一个体现出来。按照 Uber 的规划，要充分整合全球的汽车资源。

除了汽车生产企业，其他领域，比如销售方、保险公司、维修企业也都会因此发生改变，人们的生活会随之改变。财产将变得更加灵活，如果工作的地方可以更方便地进行调动，那么定居的重要性将会逐渐降低，人们会偏爱旅行。人与人之间的关系会发生很大的变化，就像工业革命促使村落到城市的过渡，我们会逐渐熟悉新的工作状态和新的人际关系、社会生活。

当然，这并不意味着对传统的改革会一往无前、风平浪静。从上文中提到的巴黎官方对 Airbnb 公司的检查就能看出革命之路的艰辛，出租行业中出现的司机集体罢工事件也体现了一些人不支持改革的进行。而且立足于整体，保守一方的举动确实产生了一定程度的影响，法国政府部门已经干涉了 Uber 的进一步扩张。但是，换个角度来看，工业革命虽然很艰难，但毕竟取得了成功，而这些阻碍也可能只是历史进程中的小小插曲。

第二节　互联网新势力的渗透：
未来将被共享经济改变的九大行业

　　以 Uber 与 Airbnb 为代表的共享经济模式企业的崛起使"共享经济"迅速红遍全球，二者分别引爆了了出租车行业与酒店行业的新型变革浪潮。一些山寨者络绎不绝，最为代表性的当属德国 Rocket Internet 投资的 Wimdu，其在短租房领域获得了成功。

　　一些企业组织、投资机构开始把眼光投向了这个领域，总体来讲共享经济几乎可以应用到各行各业：

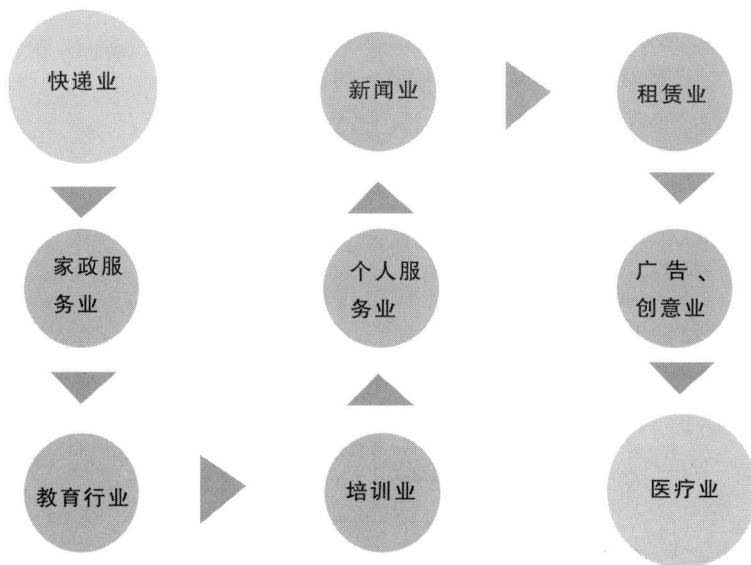

未来将被共享经济改变的九大行业

快递业

当下快递业的运作模式几乎是清一色的聘任全职快递员进行包裹配送，而且快递业是个高成本行业，需要雇佣大量的快递员，并且为了保障良好的用户体验还要确保这些快递员的送货效率。每年到了春节前后，大量的职员放假回家，往往会造成快递的成本上涨且送货时间延误。

共享经济应用于快递行业必然会引发快递行业的转变，最为显著的是它将会引发快递行业由"重资产"向"轻资产"的转变。一个商家发布送货任务，附近的满足运输条件的人接受任务到商家的位置取货并送至目的地，当然这对于短距离的同城快递来说比传统的快递将会更加高效、低成本，对已较远距离的货物则需要有几个不同地域的司机分段完成这场"接力赛"。

事实上美国华盛顿特区经济趋势基金会总裁杰里米·里夫金早就在他

的《零边际成本社会》中论述过这种模式：

在物流互联网领域，传统的点对点物流运输模式将会受到分布式联合运输的巨大冲击。一个司机在货物所在地接货，并运送到比较近的交货中心，然后接一批在返回路方向上的货物并送至目的地。而第二个司机在交货中心装上第一个司机卸下的货物再送至下一个交货中心，再接一批返回路上的货物，如此循环下去直至完成运输任务。

Uber 已经开始在快递共享经济模式的尝试，Uber 在纽约推出了 Uber Rush 同城快递服务，消费者在 Uber 平台上发布快递任务，司机接受任务并送至目的地，消费者还可以在 Uber 平台上实时观察物品的位置并及时了解预计到达时间。

快递业应用共享经济模式可以实现对闲置资源与空闲人员的充分利用，而且就近原则的运送也使得快递的效率得到很大程度上的提升，将会给人们的生活带来极致的体验。

家政服务业

美国的电影《另一个地球》（*Another Earth*）中有这样一个剧情：女一号撞死了男一号的家人，女一号由于心存愧疚并非清洁工的她在某一天敲开男一号的门并为他提供清洁服务。这个剧情正是表现了共享经济下的家政服务，并非是要把提供服务者定义为某个家政公司的员工，事实上他们是一种个人行为，一些有空闲时间并想赚点小钱的人就可以去为他人提供家政服务。

共享经济下的家政从业者工作时间不固定，通常在自己有空闲的时候才会去为他人提供服务，而且需要服务的人也不一定是需要长期的服务，可能会是有些突发情况，比如：妻子外出没人打扫卫生，老人回老家孩子没人照顾，共享经济下的家政服务可以使一些暂时没有工作的或者已经退

休的人获得一部分经济来源。另外需要服务的人可以根据一些提供服务者
的信息来进行筛选，选取最适合的人来为自己服务。

教育行业

在我国，公立学校虽然占据了教育的绝大部分市场，但是在这背后依
然有着许多可以获利的市场，一些公立学校的老师利用寒暑假的时间来办
补习班（虽然明令禁止，这种现象还是层出不穷），还有些连锁的培训机
构已经遍布中国的各大城市。

教育行业应用共享经济，从服务提供方来说可以满足两方面的从业人
员的需求：

★一种是帮助那些在公立学校的老师利用自己的业余时间提高收入、
改善生活水平；

★一种是满足一些拥有教师资质但却无法进入公立学校当老师的人的
需求，使他们以自由工作者的身份为一些需要帮助的人提供指导，同时也
消除了这些从业者借助第三方私立教育机构所要支付的高额佣金。服务需
求方可以满足自己一些个性化的需求，时间与科目都可以自主选择，更可
以找一些资质高、经验充足的老师来教授自己课程。

培训业

依托移动互联技术获得巨大发展的自媒体给培训行业的蓬勃发展注入
了新的活力，一些在某一领域拥有精湛的专业能力的人在自己的闲暇之余
开展一些培训工作，有的自己成立工作室专门做起了培训服务，既满足了
兴趣追求又带来一笔不菲的收入。

果壳网于2015年3月13日推出了新的产品"在行"，它正是共享经济
应用于培训行业的表现形式。一些在专属领域有很深见解的人通过"在

行"为一些需要咨询的人提供咨询服务，他们不属于任何机构并且时间自由。一些想在某一些专业获得指导的人都可以通过预约来与"行家"进行一对一交流。

"在行"的创始人姬十三表示："在行"通过促进这些一对一的交流，在学习、工作、旅行、创业等领域都可以找到该领域的精英人才为你提供最为专业的讲解，它使过去的人情求助式交谈产生了新形式，该模式下双方互惠互利，彼此都获得满足。

☀ 个人服务业：理发、美甲、按摩等

一些多年前我们不曾想到的概念如今已经变为现实，比如上门理发、上门美甲、上门按摩等，移动互联技术的发展使它们成为现实。

这些传统的个人服务业，需要消费者到商家的实体店面进行消费活动，商家处于等待顾客上门的被动形式，这也是大部分的商业模式的共性。共享经济形态下的个人服务业将会产生传统个人服务业难以达成的巨大优势：

★一是时间成本的减少。浪费时间就是浪费生命的年代里能够降低时间成本的消耗将会收获许多回报。比如传统的按摩店，由于你无法了解这里实时的顾客人数，导致你拖着疲惫的身体想要享受按摩缓解疲劳时往往还要在这里排队，也不一定能遇到技艺好的按摩师为你按摩。共享经济模式下，你可以预约自己想要的按摩师为你提供服务，找到按摩师与你都有空闲的时间，接下来就等着按摩师上门服务即可。

★二是对于这些行业的从业人员更是可以获取更大的价值，在自己体力与精力允许的范围内为自己预约更多的客人，可以获得更高的收入。目前的上门帮、点到、功夫熊等正是想在这方面施展拳脚。

☀ 新闻业

新闻业，一些具有共享经济模式的自雇型记者早已出现。当年的周曙光自己独立的发表在自己博客的"重庆最牛钉子户"造成一时的轰动，只是当时的移动互联技术还没有如今这样发达，一段时间之后又归为平寂。

如今的体现共享经济模式的科技博客在互联网技术的推动下已经悄然兴起。如今的虎嗅网、钛媒体、知乎日报的一些专业型的内容很大一部分都是来自自由作者，这些人有人出于兴趣爱好，有人出于表现自己，还有人想在休闲之余拿一点稿费（稿费通常不高），这种模式正是共享经济下新闻行业的具体表现。

共享经济的新闻业的未来将会是在一个事件发生之前或者之后，平台向平台用户发起新闻任务，一些有能力、有条件的人接受任务，去自己采访收集资料并撰写稿件发布到平台上，平台依据读者的反响与稿件质量支付稿费。时下，虎嗅与百度百家正朝着这一方向在发展。

☀ 租赁业

酒店式的租赁行业目前 Airbnb 一家独大，当前阶段的共享经济租赁业的发展方向则是办公租赁，主要服务于那些想要短期办公的租赁人员。

共享经济模式下的办公租赁主要满足了以下几类消费者：

（1）初创企业。由于初创企业的办公人员、资金等规模相对较小并不需要很大的办公空间，这一模式为他们提供了一个相对比较适合的办公场所；

（2）自由职业与工作室。他们的从业性质决定了他们办公地点的弹性需求；

（3）中小企业在外地设置的办事处。这种办事处的存在可能就是为了一项短期的项目或者一个谈判计划，这种临时的办公地点将会是他们的首选。

2010 年在美国纽约成立的 Wework 几年之后融资 4.3 亿美元估值超百亿发展成了共享经济的又一个新巨头，它能给租赁者提供打印机、扫描仪甚至是会议室等办公设备，而租金可以按月付还可以按周付。一些写字楼空闲出来的小空间，以及一些公司的闲置房间都可以提供这些服务。

❋ 广告、创意业

广告、创意行业其实一直存在着一些兼职的自由从业者，他们通常能为公司提供一些有价值的创意内容但又不在公司任职，这些人在这些广告、创意公司扮演了重要角色。一些公司会有一些合作多年的专业兼职自由从业者，部分原因在于这些专业的兼职从业人员比较少，留给他们的选择空间通常很小。

共享经济为广告、创意行业提供了多元化的选择，一些公司借助平台发布一些创意任务，平台上的注册用户接受任务并提供自己的创意，公司再从这些创意中进行筛选，从而完成公司的一些项目，这种模式将会使企业对全职创业人员的依赖性减少，促进企业的稳定与持续性发展。

当前环境下，要实现这种模式的理想状态还颇为困难，由于创意的要求特殊性，它没有固定的模式可以提供参考，一些领取任务后的人员无法真正领会企业创意要求的要点，这也是在这个领域想要掘金的猪八戒网目前所要解决的重点所在，但是这种模式为未来的兼职自由工作者与创意需求的企业的合作提供了一种具体的思路。

❋ 医疗业

医疗行业同教育行业有着相似的背景，同样是公立机构占据绝大部分江山，私立机构的发展又有所欠缺。公民希望医疗机构能为自己提供有针对性的个人定制化服务，人们对于公立医疗机构的人员爆满与医院医生的态度积怨已久。

　　共享经济模式下的医疗行业，病人可以在线预约医生提供在线咨询或者上门服务，医生已可以利用自己空闲的时间来为一些病人提供个性化与定制化服务。传统医疗行业存在的弊端是现有的公立医院资源无法满足当下人们的看病需求，还是一个由医院主导的卖方市场。如果实现共享经济模式下的医疗行业的市场化，将会催生一大部分的医疗从业者，为解决传统医疗行业的难题提供新的思路。

第三节　三种形态的变迁：
人类社会进入"协同共享的新经济制度"

　　2015 年 6 月，一向不为众人所知的猪八戒网竟然宣布完成 C 轮融资，融资金额高达 26 亿元，公司的估值更是让人瞠目结舌，高达百亿人民币。近几年，我们看电视、看电影、外出旅游、集资借款等都发生了翻天覆地的变化，打车、拼车、P2P、集资众筹等都融入我们的生活，改变着我们的生活方式和工作方式。

　　这种改变的实现让我们的体验更加分散、零碎，人们拥有更多的选择自由，可以根据意愿支配自己的财富、一份时间，人们可以同时拥有一份全职工作和自由职业或者兼职。

三种形态变迁：从平台、用户到产品的共享

共享经济作为一种新的经济形态，其实它早已存在，并经历着从平台、用户到产品的共享的变迁。

曾经的互联网（如搜索、杀毒、新闻门户等）让原本一对一的交易模式转变为三方甚至更多方的交易模式，创造了新型商业模式。互联网平台让用户免费使用各种搜索引擎、视频下载、杀毒软件等，但广告植入需要收费，这种用户免费利用互联网平台的共享模式其实是共享经济的雏形，利用互相补贴的方式，造成对传统商业的颠覆。

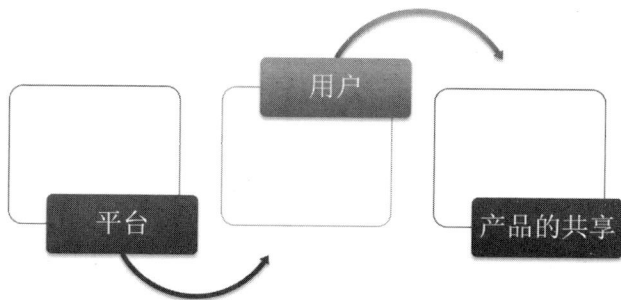

互联网三种形态的变迁

移动互联网的普及加速了共享经济的发展，UGC、LBS、碎片化加强了人们的主动性，让人们减少了对平台的依赖性，一种凭借人们之间的相互信任而建立起的信任经济给人们带来更舒适、更便利、更快捷的生活体验。此时，平台关注的不单单是用户使用量的多少，而是用户在使用过程中的相互融合。

比如，用户可以免费关注微信公众号，企业因此也会免费获得用户关注的机会，在用户与企业交互频繁过程中，微信公众号也可以提升自身价值，订阅号、服务号、企业号在企业与用户之间扮演者不同的沟通角色，但做着

同样的事情：用户共享代替平台共享，多维用户角色代替单纯的客户角色。

　　用户不再仅是一家企业或平台方的，而是个人或所有互联商户的。每个用户所承担的角色不仅限于一种，在微信内，高尔夫球场、学术俱乐部、航空航天公司可能共享一位教授，教授作为用户可以一键完成原来需要很多动作才能完成的事情，从而自由支配自己。用户共享是信任经济下共享经济的中级状态，它是一种互存共赢的经济模式，出现了"羊毛出在兔身上，让牛来买单"的更多经济形态。

　　产品或服务共享包括生产共享和消费共享两种，它是共享经济的高级状态。从互联网到移动互联网发展的过程中，"众包"这种新的商务模式应运而生。它彻底改变了每个人只能在流水线上机械重复的工作状态，打破了以企业为主体的工业时代，通过协同与充分调动潜能将能力发挥至最大化。

　　众包作为一种新型社会生产方式，将众人的智慧聚集在一起，共同完成一项或几项任务。某项任务原本可能需要企业的专业人员来完成，现在完全可以让几个跨专业的业余人士来完成。

猪八戒网*

―――――――――

　　* 图片来源：猪八戒网网站截图

　　猪八戒网就是一个包含文案策划、网站建设、网络营销、创意设计等在内的多个行业的众包平台。做到网也是一个关于翻译协作的众包平台，它将需要翻译的资料聚集到这个平台上，一端连接有需要文字翻译的企业，另一端连接全职或兼职的专业翻译人员，他们可以根据自己的兴趣爱好选择需要翻译的资料。

做到网*

　　他们都是依靠互联网将人所具备的知识、智慧、经验、技能等转换成商业和社会价值的互联网模式，提供了一种产品、服务生产共享模式，即把产品或服务的生产权共享给素未谋面的用户。

　　这种共享模式是产品或服务在使用消费的过程中，不仅限于一人享有，而是他人或机构可以通过各种方式享有使用权，比如拼车。私家车本是个人或家庭的私有财产，但是加入拼车行列之后，车就会在某段时间与他人共享。此时，人所提供的服务也是共享的，司机兼有公司员工和拼车司机两种身份。

　　＊ 图片来源：做到网网站截图

信息技术的快速发展、特定阶段下经济形式的有力推动、居民消费观念的变化，这些种种因素使得我们这代人从各种实体资源共享（"办公共享""公寓共享""汽车共享"）逐渐向虚拟互联网共享（"大数据""物联网""互联网＋"）过渡，由此而产生一系列"波及效应"用以解决社会资源的短缺和弱势群体贫困等问题，共享经济在这个时代正掀起一股新的浪潮。

共享经济有以下特征：

★第一，多数借助信息平台，有一个由第三方创建的平台；

★第二，用户之间自由组合，分享知识或经验、交易闲置物品、为项目或企业筹集资金等；

★第三，重构社会关系，改变生产制造协同方式。

"互联网＋"时代的共享经济意味着什么

随着互联网技术的发展，共享经济一方面可以充分利用挖掘出的闲置资源，另一方面正以看似平静实则有波涛汹涌之势撼动着整个行业的根基。它从根本上将经济秩序和商业逻辑瓦解，揭露了传统企业供需不平衡的态势，诞生出很多新型的经济结构和商业模式。

"互联网＋"推动下的拼车、租车、顺风车等，O2O领域下的Airbnb、菜鸟网络，都是把原来的私有产品、服务、信息进行公开，让更多人们可以参与、使用，实现共享，从而使得资源利用率增大，获得增值。

由此看来，共享经济排除了地域障碍，利用人们的空余时间形成新的资源分配方式，它打破了传统经济模式，把人们从单一的社会角色解放出来，找到属于自己的最佳生活方式。但是，共享经济发展至今并非全无障碍，人们在享受共享经济带来的硕果的同时还需关注背后的黑洞。

（1）自由与不确定性的博弈。

共享经济在给人们带来更多自由支配权利的同时，它的未来也面临着很多不确定性，比如共享经济创造价值的核心——资源的置换，它的实现提高了对资源的利用效率，却不是因为开发了新的资源。那么，共享经济的盈利点又在哪里？

表面上，共享经济是与众人分享房间、车或服务，实际上是将买和租分离，也就是产品或服务在使用权和支配权上的分离。使用专车服务的用户与传统经济中的买车用户是有差别的，前者是租车，后者是使用车。而共享经济实现了一种双层产权结构——财产的支配权（在表层）和财产的使用权（在底层），产品是私人所有，但服务是众人所有。在此交易过程中，所涉及的财产不是物品本身，而是一些信息和数据。

共享经济带来的越来越分散的个体成员间的临时联合，是人人平等的C2C（个人与个人之间的电子商务）模式，消除了传统行业中对人力的投入，但需要制定更完善、更严谨的规则进行约束。

如果越来越多的人从事兼职而不是全职工作，那么，社会的经济秩序和保险体系该如何得到保障？在共享经济的带领下，"共享"覆盖了"交换"，竞争变成了合作，使用权胜过了所有权，可持续开始取代消费主义，现有的社会结构将受到利益既得者的打压还是欢迎？共享经济为人们带去自由的反面就是各种不确定。

（2）共享与压力的抗争。

2015年，玛丽·米克尔（Mary Meeker）在互联网趋势报告中提到：在美国，自由职业者有5300万，占总劳动力的34%，他们有的没有固定的雇主，有的利用空余时间做兼职。35岁以下的美国年轻人中有20%做多份兼职，有38%想从事自由职业，有32%想在未来拥有灵活而富有弹性的工作时间。

的确，共享经济在移动通讯、社交媒体的引导下，把闲置的人力物力进行合理分配，让多余的生产力实现共享成为现实。人们都向往更加自由随意的工作方式，朝九晚五的固定工作模式容易让人厌烦，产生抵触情绪，从而造成效率的下降。但是，放任自由的SOHO（自由职业者）一族和创业者同样面临着巨大压力：没有人能保证他们每天可以赚够养活自己和家人的钱。时间自由，但是工作不确定，收入也不稳定的状态下，由此而带来的压力更是让人忧心忡忡。

同样，当产品或服务本身脱离了生产标准化制造，你一点我一点，你一段我一段的全民参与的制造是否真地能够打造出令人满意的产品？呼吁更多的用户参与只是营销的一个手段的情况下，经济共享是否真地可以给用户带来切身的利益？还是，这只是资本市场的一场作秀？

（3）使命感与欲望的碰撞。

★共享经济将人从固定的组织中解脱出来，自由与其他人相结合，但是这种结合是否能够保持长久的合作与战斗力？

★在拼车软件盛行的这段时间，私家车上不仅仅安装着一款款拼车软件，因为车主与拼车软件公司并不存在直接关系，他们之间没有可靠的稳定性关系。而面对拥有强大忠诚体系的固定组织，该体系的核心该如何在这个自由时代传承下去？

★仅仅凭借一纸合约就能抵制住用户内心的欲望？一旦拼车软件对用户不再施加恩惠，用户与车主之间的互动立刻减少并投身于其他平台，这就是有力的证据。经济失控的原因往往归结于参与者不能很好地把握权与欲之间的平衡。在短期价值与长期利益之间，人们是否真地能够抱定初心？

在共享经济下，人们心中隐蔽的利益观和不可遏制的欲望才是真正的刽子手！

在推动中国经济增长的三大引擎——城市化、工业化、消费升级中，共享经济既起到推动作用，也起到调和作用。我相信在未来的某一天，人们将不会因为语言不通而产生交流障碍，同声传译有可能就会帮助你。共享经济给人们带去自由的同时还要继续前进！

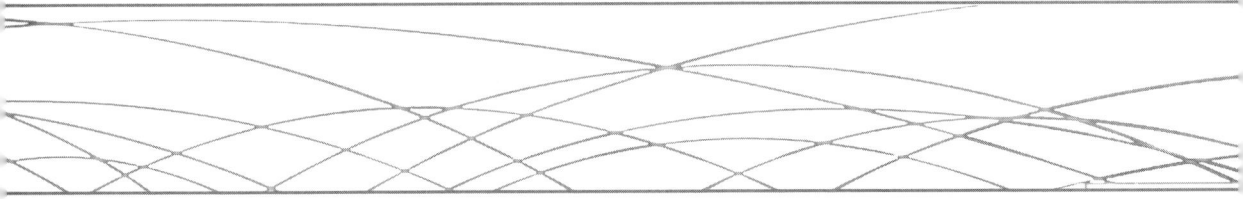

第四节　共享与自由：
共享经济如何改变我们的工作、生活与社交

在一个无精打采的下午，自己开着 Uber 在附近溜达，然后载几个同道的乘客回办公室继续写稿；一个人郁郁寡欢的时候，拿着别人的购物清单去超市买买东西；外出旅游时，把自己空出来的房间用 Airbnb 租出去……

或许在某一天，你会惊讶地发现，自己"小金库"里的存钱竟然比工资卡里面的还要多。

以 Uber 为代表的共享经济模式正在逐渐深入人们的生活，它给人们的生活带来方便和自由：不需要固定的办公地点和办公时间，也没有规定工作内容的合同，但是收入不菲。这种共享经济模式不仅改变了人们的生活方式，而且改变了人们的工作方式。

2009 年，Uber 在美国旧金山起家，一开始它是一款打车应用软件，也是共享经济的代表。共享经济最吸引人的地方就是它的灵活性，它通过合理配置限制资源，让每个人随时都可以参与并受益其中，从而实现利益的最大化。

很多 Uber 司机都是把通过开 Uber 赚取的钱作为额外收入，他们都有自己的正式工作。例如中科院的赵师傅，他的本职工作就是司机，工资不高，但是工作清闲。每当有闲空，他都会开着 Uber 在五道口附近溜达，赵师傅说："得空就会出来闲逛，到了 11 点半就准时回家，如果工作累的话，就直接回家休息，时间很随意。"

他说自己每周通过开 Uber 能够赚取 500 元，钱虽然不多，但是却给生活减轻了不少负担。"那些每月通过滴滴打车开出租赚取 3 万元的司机，工作相当累，而我就想挣个加油钱。"

开车对于长期坐在办公室的脑力劳动者来说是一个很好的调节方式。调查显示：在美国，Uber 司机有 48% 是受过大学或更高学历教育的，远远高于出租车司机（18%），还有劳动力均值（41%）。在工作之余，偶尔做一回陌生人的司机，对他们来说，不仅可以放松身心，而且还可以扩大自己的交际范围。

同样，你也可以在业余时间，通过 Instacart 获得购物体验并赚取一部分钱。只要你是年满 18 岁的成年人，能够搬动 12 磅（大约 11 公斤）以上的重量，在晚上和周末有空余的时间，并拥有一款最新的智能手机，你就可以加入 Instacart，成为其中的一员。当你想去购物时，随便帮邻居买下他们需要的商品并送货上门，就可以获得每小时 25 美元的报酬。

Taskrabbit 则可以让一些有空余时间、有一定技能、没有固定工作，想通过兼职来赚钱的人们给那些需要搬家、组装家具、打扫卫生等的并且愿意为他人的劳动力而付钱的这些人打工。

通过与传统出租车司机相比较，Uber 司机看起来是一份令人向往的工作，它的工作时间自由，而且时长短，时薪还高，然而，通过了解事实你才发现，其实不然。

将开 Uber 作为全职工作的张师傅在北京已经有十多年了，一直以开黑车为业。他说，Uber 并不是大家想得那样好，Uber 司机并不好当。

首先，Uber 司机自己对事项进行决策的范围和程度很小。张师傅的车上配有一台 iPhone4s，但是手机和网卡都是由 Uber 公司提供的，所以只能使用 Uber 的软件。在驾驶的过程中，为了便于 Uber 后台对整个行程的的监控和计费，也只能使用 Uber 导航系统进行导航。张师傅说："从一下单开始，所有的这些都由 Uber 软件说了算。"

其次，乘客的不确定性造成成单率的下降。与一般的打车软件抢单方式不同的是，Uber 使用的是系统派单，司机不能自主选择乘客。由于很多乘客对 Uber 的 APP 还是很陌生，所以导致司机在接单的过程中状况百出。有一次张师傅在接了四单的情况下，却只做成了一单——有注册手机和叫车人不一致的，有直接取消订单的，有恰巧朋友来接的。所有这些情况都造成成单率的下降，而这其中的损失由公司司机自己承担。

张师傅还向我们提过有关于他的一个朋友的有惊无险的经历。有一次，在三里屯的附近，有几个喝醉了酒的年轻人用 Uber 软件打了车，他们上了车，在车开出几百米之后，却故意在 APP 导航上取消了行程。司机见状，却也不好说什么，只能带着他们去目的地。然而，幸运的是，公司通过导航软件发现了其中的异常，通过电话询问了解到当时的情况，事后还给予了司机一定的补偿。由此事件可以看出，Uber 的运营确实存在着漏洞，它的不完全合法性，造成司机师傅即使遇到事端也不会向警察报警或向法院投诉，而公司能提供给他们的保护和补偿也是有限的。

除此之外，比起全职或者自己单干，开 Uber 所能获得的收入无法预知。价格策略由平台决定，司机的收入也受平台的牵制，而且司机没有一点发言的权利。张师傅说："Uber 现在正处于推广期，它的费用要比出租车低，在推广期过后，Uber 还要每单再收取 20% 的佣金，这是一笔不小的数目。就在昨天，北京又将全线下调 30%，对于 Uber 司机，不知道是福还是祸。"

自由性和不确定性是共享经济的两个不同的方面。

尽管 Uber 存在着许多不完善的方面，但 Uber 开启的共享经济模式，使人们的职业变得多元化。如《纽约时报》中的一篇文章所提到的：它可以让人根据自己的日程自由安排自己的工作，而不是让工作限制了自己的日程安排。

随着知识经济时代的到来，人们的工作计划越来越细致，朝九晚五的工作制度限制了人们的工作时间，人们往往可以根据自己的需求，通过合理安排时间促进自己的工作效率；然而，完全通过自己控制时间掌控工作进度的工作者往往面临着更大的压力，因此，这种职业并不是每个人都适合。

以 Uber 为代表的共享经济模式以按需分配为核心，通过中间平台，合理调配资源，将风险尽可能降低。

阿伦·桑德拉拉鲁（Arun Sundararajan）（纽约大学商学院教授）对纽约时报记者说："我们正在定义一种工作方式——既不是全职，也不是单干。"

除此之外，在科技发达的今天，一些工种正面临着消亡：机器人可以代替人工进行流水线上的体力劳动；人工智能可以代替记者写材料；Instagram（照片墙）这样的公司用十几个优秀的人才便可服务全世界的用户。这些都导致了青年失业率的增加。

共享经济能给人们提供更多的就业机会：开 Uber、替人购物等。这些都不需要具备多么专业的技能，只要你有时间、有一定体力、有意愿，就可以通过智能手机 AAPP 做自己想做的工作。智能手机 AAPP 可以根据时间、地点和技能将劳动力进行合理分配，从而使资源利用最大化。

到 2014 年年底，全美已经拥有 16 万 Uber 司机，仅在 2014 年 12 月，就新增了 4 万名签约司机。在旧金山，Uber 已经成为岗位就业者的香饽饽。

这是一个充满着机遇与挑战的时代，现在很少年轻人会像父辈一样，一辈子只安分守己地做一份工作，每个人都在待机而动，为自己的职业发展寻找新的机遇。

同时，人们根据自己的能力希望可以多涉及一些领域以丰富自己的生活和工作，并且在人生的每个阶段会发生不同的变化：家庭、理想、金钱或者成为某一领域的专家……显然，一份全职工作已经满足不了人们的愿望。

共享经济给我们带来的启示是：未来，很多人将不再视朝九晚五的全职工作为自己工作的全部。全职工作作为稳定收入的来源，却不再是收入的唯一来源。你可能同时兼做 Uber 司机、Instacarter 买手、Airbnb 房东、Taskbabbit 达人四项工作中的两项、三项，甚至四项。

通过共享经济所提供的平台，你可以灵活支配自己的时间、金钱和技能，找到让自己舒服的生活方式。同时，你还可以扩大自己的交际范围，结交来自更多行业或者不同地方的朋友，获得新的职业技能或者从业机会。面对未来的不确定性，我们可以找到一条规避失业风险的有效通道：共享经济。

　　共享经济的日益普及让工作成为人们日常生活方式的一种。赵师傅在聊天时曾对我说，他知道哪些人愿意做 Uber 司机，并知道他们受过怎样的培训，所以，在和家人出门的时候，他愿意选择坐 Uber。许多在旅行时住过 Airbnb 的旅客，在回来之后，自己做起了 Airbnb 的房东。很多人喜欢购物却不喜欢洗衣做饭，这种情况下，你就可以找人来帮你洗衣做饭，自己去帮别人购物，这样你既可以做自己喜欢做的事情，又没有付出多余的时间和金钱。

　　共享经济可以让人们根据自己的意愿自由支配时间和资源，人们可以兼做很多份工作。在未来，我们或许可以用一份工作来挣钱养家，用领一份工作来满足自己的爱好，用第三份工作来结识朋友。共享经济正在让这一切变为可能。

第五节 从自媒体到共享媒体：
基于内容共享理念的社交媒体大变革

　　一方面移动互联网技术的发展使得大众化全民参与的社交媒体以爆炸式的速度发展起来，面临巨大压力的人们对于一些自己的见解与诉求急于通过某种渠道表达出来，而这种无法了解到所发内容背后的作者的真实身份的自媒体迎合了人们的需求，从最初的博客再到人人、微博再到如今的微信，在这些自媒体的演变过程中也产生了一些"大 V" "大号"的存在，这些人拥有数量众多的粉丝，在自媒体上振臂一呼粉丝们群起响应。

在大众的话语权远远落后于互联网技术的发展情况下，自媒体的生长环境更为优良。说到底，自媒体还是一种时代所形成的产物。

❈ 社交媒体的影响力是在增强还是减弱

以微博和微信为代表的自媒体社交平台成了如今自媒体发展最为庞大的存在。一些贴吧、论坛等也在自媒体中扮演了部分角色，其中贴吧成为了一些网络热词与新闻大事件的源头，但是贴吧在严格意义上讲只能算是一些爱好相同的人组成的兴趣社群，称不上是媒体。豆瓣等就更算不上媒体了。

过去几年的微博是属于它的全盛时代，许多有着大批粉丝的博主都获得了相当高的收益。如今的微博利润已经远不如从前，大部分从事微博营销的人员现在面临着产品营销效果和收入都陷入尴尬的境地。其实从本质上讲，互联网世界中非入口的产品一旦充斥着冗余的广告信息就表示它已经迎来了自己的黄昏期。而入口的产品发生这种情况，在一段时间内只要入口的地位能够保持下去，也不会使自身陷入困境。

微博就是非入口的产品，事实也证明了它在处于生命的暮年。但是作为网页的入口的百度与作为移动端入口的微信，即使充斥着的大量的推广信息和冗余的广告宣传，它们的人气依然不减，用户反而越来越多。

微信作为入口产品，其优势并非是一些人认为的朋友圈、大号等，而是依靠信息即时通讯。通常情况下微信的订阅号都会发布很多消息，打开订阅号，看到那些一个接一个的红色小角标你就非常了解了。信息量的冗余一直是困扰社交媒体的难题，到底该如何解决这个问题，目前的几大社交媒体也没给出有效的办法。

社交媒体出现信息冗余之后其影响力就会降低，虽然传播能力仍旧十分强大，但是阅读者会越来越忽视这些信息。如今的一些大号发出的文章传播能力还是很强，但是阅读者早就已经对这个大号每天所发类似的信息感到极度的视觉疲劳。

　　就目前看来，这些社交媒体中的自媒体的黄金时期已经结束，目前呈现下降的发展趋势。

❊ UGC 媒体

　　自媒体在社交平台展现出强大的活力外，还在两类平台自媒体也展示其渗透能力：一类是以虎嗅、36 氪为代表的垂直类 UGC 媒体；一类是以百家、今日头条为代表的自媒体平台。

36 氪 *

　　事实上把这两类平台称做是半 UGC 平台更为科学。一方面，这些平台发布的文章会有专业的人员负责审稿，保持专业性；另一方面，这些平台还有自己的编辑以及记者负责一些文章的写作与素材的收集，毕竟他们还是要保证自己作为新闻媒体的本质。

　　如果你亲身去这些媒体上去逛一圈就会发现它们基本不会出现信息冗余的情况，每天所更新的内容都是那些定量的篇幅。但是他们却存在着另一个让读者所不能接受的问题——文章质量问题。这主要是由两方面的原

---

　　* 图片来源：36 氪网站截图

因造成的：

（1）这些在这类媒体上投稿的从业者，通常是专业的写手而不是他们所写内容的专家，从其所写的文章的跨度就可以很容易发现。试问，人类历史上又有几个人精通金融又精通历史还精通互联网甚至还精通医疗呢？

（2）提供稿件的人数有限再加上他们在所写内容方面的专业性又有问题，长时间的积累往往这些媒体上的文章很难保证质量，甚至会出现一些最难以原谅的逻辑错误。

其实自媒体与 UGC 媒体之间存在着本质上的结构冲突：自媒体想要通过媒体平台提高自己的知名度，赢得更多的读者支持，因此它的文章就会只注重量往往忽视了质；自媒体平台则是想依靠自媒体为其提供的稿件增加自己平台的流量，就会出现一些明知文章有问题但为了流量而去硬着头皮发布的低质量文章。

由于资金的缺乏并且没有可以借鉴的模式，只能自己摸着手头过河慢慢探索导致了媒体平台缺乏足够的激励手段与引导措施。一些真正具备专业领域的真知灼见的人不会来到这些平台上发文章，UGC 媒体只能拿这些自媒体的稿件来发布。但历史的经验一直再告诉我们"高手在民间"，这就在结构上构成了难以调和的冲突。

许多的自媒体从业者没有经过传统媒体的技能培训，也没有相关行业纵深细化的专业研究。如今的社会对知识的要求已经朝着精细化的方向发展，"糊弄读者"的模式的结局只能是等死。读者面对层出不穷的海量平台信息，自然会去选择最为专业的内容去阅读。

还有一些人错误地认为自媒体的爆炸式发展正是去中心化时代胜利的产物，但是他们可能忽略了一个事实：社会固有的属性使得离散的人群与阶层将继续存在并且一直存在，中心也将永存，中心化在自媒体的冲击下只不过就是转换为泛中心化。

那么，自媒体的变革与突破点到底在什么地方，其未来到底该何去何从？

☀ 共享媒体时代的构建

借助支付宝向即时通讯领域的迈进来聊一聊共享媒体时代的问题，试问哪一个读者不会想听一听微信的产品经理去谈即时通讯的 APP 的发展问题，而是去任性的选择听那些上通互联网下通智能机器人左通金融右通跨境电商中通医疗的自媒体人去高谈阔论？

的确我们应该为 Airbnb 与 Uber 将我们带进共享经济时代而感到荣幸，能共享的不仅仅是房子与车子，一些观点与思维同样也可以实现共享。说到知识与思维的共享，难免会想到知乎，但是知乎在严格意义上讲还是一个社区形态，不过总算是聊胜于无了。

当前的 UGC 媒体也是注册用户主导文章内容，但是这种形式不是真正的分享，一个真正的分享机制应该是：一些专业领域的人员利用自己的空闲时间发表一些对本领域内的见解和回答一些人的咨询，并且他们可以收获一部分回报。

之前别人跟你介绍自己的工作时，他们通常会说自己是做互联网的，现在他们在介绍的时候一般会说自己是做互联网教育的、互联网金融的，等等。如今的行业的纵深已经细化到了很深的程度，从业者的人数几乎是呈现几何式增长，而共享的基础就是服务提供方的数量与共享的完善的机制，现在前者已经解决如果后者也能实现，那么自媒体革命已经完成了一大半。

未来的共享媒体的形式应该是这样的：绝大部分的见解与分析性质的内容由自由的专业领域的从业者来完成，少量的新闻性质的内容由平台的编辑来完成，这些专业领域的作者将由一系列的奖励机制获得回报，这样既解决了内容的数量要求，又可以通过一些专业的作者审核机制审核作者的背景，除掉那些"上通天文下晓地理"的"万事通"。

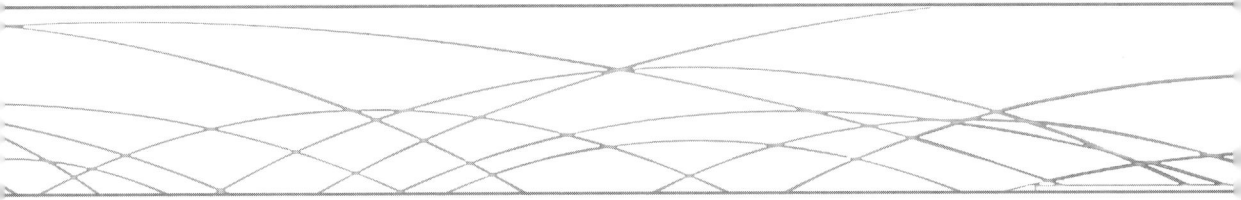

第六节 "共享经济 + 医疗保健业"：
共享模式颠覆传统医疗健康领域

近年来，共享经济开始成为一个炙手可热的词汇，并开始逐渐渗透进人们的生活，从汽车领域的共享，到房屋领域的共享等，同时也涌现了各种各样代表共享经济的公司。那么共享经济的下一个主战场将会在哪一个领域，又将给人们带来哪些新鲜的事物以及变化呢？

号称"医疗设备领域的 Uber"的 Cohealo 是一家医疗创业公司，其在经营的过程中将 Uber 模式引进了医疗保健领域，其联合创始人兼 CEO 马克·斯劳特

（Mark Slaughter）认为，医疗保健行业将成为共享经济的下一站，共享经济与医疗保健领域的碰撞融合将会产生更璀璨的烟花。

☀ Uber 成为先行者

2014 年，Uber 在积极扩张其在打车领域版图的同时，也在低调地进行另外一项神秘行动。Uber 开始踏足医疗保健领域，在美国的部分市场开始提供递送流感疫苗的服务，虽然这一项行动在美国市场的震动并不大，但是也并非是丝毫没有影响，一些医疗保健领域的进步人士对其做法已经表示了接受和认可，并且认为 Uber 此举能够为共享经济与医疗保健领域的结合奠定稳固的基础，Uber 也成为了共享经济渗透进医疗保健领域重要的排头兵。

共享经济作为一个新兴的行业，在消费者市场比在企业市场发挥了更大的影响，医疗保健行业对安全性要求高、监管也比较严，因此在推动共享经济模式的过程中进度比较慢。

由于整个大环境下经济的萧条，使得人们在消费的过程中更倾向于选择一种更实惠、更便利的消费方式，而这也就促进了共享经济的产生和发展。手中握有资产已经不是时代的主流，良好地利用对资产反而开始成为一种新趋势，通过对资产的挖掘利用在让其发挥效用的同时获得额外的收入。

在共享经济逐渐兴起的时候，Uber、Airbnb 和 Zipcar 等新公司开始纷纷将自己的分享型服务推向市场，在这个市场中用户可以摆脱拥有资产所需要负担的债务和成本，从而获得一种特定的自由，同时也可以改变用户的工作方式，让用户有了更多的时间和自由来发展自己的兴趣。

未来几年的时间里，关于消费者在拥有资产以及协同消费之间的偏好能否发生变化，还是一个未知的答案，但是对其已经建立起来自己的受众群体，或许这部分受众群体在未来会得到壮大，从而为共享经济的发展提供重要的推动力量。

众多的企业以及消费者已经开始积极拥抱共享经济模式，对企业来说，共享经济模式的出现为企业的发展开创了一种新的商业模式，而对消费者来说，可以同时成为供需双方，当成为供应方时，通过对闲置资源的出租可以获得一些额外的收入，而作为需求方时，可以使用一种更优惠、便捷的方式来满足需求。

在共享经济领域的大玩家们已经用自己的实际行动证明了其发展的持久性，很多传统的竞争对手也在积极通过对自身的改造和提升来追赶这些大玩家，有些还打算直接为这些闯入其领地的玩家设置法律障碍，比如酒店业游说团体不断地对监管机构进行游说，以期限制 Airbnb 的最低居住时间。

❋ 医疗保健行业在共享经济领域的优势

医疗保健领域已经做好了推行共享模式的准备，主要表现在两个方面：

★供应商在医疗保健领域获得报酬的方式以及报酬多少的变化，推动和支撑供应商在服务整合以及规模效应方面发展的战略；

★技术水平的提升为医疗保健领域的共享提供了更全面、细致的保障。

而且共享经济在 B2C 领域经过一段时间的探索之后，已经初见成效，在 B2B 领域也取得了一定的成果，这也就为医疗保健领域推行共享经济模式增强了信心。对于在医疗保健领域的产品和服务，已经拥有了一套比较成熟的经营运作模式，是时候进行相应的改变了。

美国作为一个经济强国，不仅拥有世界上最先进的医疗设备和技术，同时也汇聚了众多顶尖的医疗人才，为了能为广大民众提供更优惠、优质的医疗服务，美国政府也在致力于消除在这一目标实现过程中遇到的障碍，而在这一背景的支持下，通过推行共享经济模式来改变医疗保健行业，对于整个行业来说具有重要的现实意义。

虽然共享经济已经逐渐成为一种潮流，但是并不是所有的领域都可以推行共享经济模式，只有资产获取比资产拥有更有优势的领域才能适用于共享经济。由于医疗保健行业对安全以及卫生方面的高要求，在其中的某些特定领域并不适用于共享，比如对于一些一次剂量的药物等，但是除此之外，如果能够在医疗保健领域进行深入挖掘，仍然能够找到很多的共享机会。

科技的发展能够带来消费方式的变化，科学技术水平的提升可以推动医疗保健领域的发展进入一个新的高度，从而产生新的变革，为共享经济的推行提供一种更优质的土壤。而 Uber 试行的流感疫苗项目已经改变了传统的疫苗接种方式，未来在体检、预防性检查以及其他疫苗接种方面也可以试行这种模式，届时，共享经济在医疗保健领域的渗透也更深了一步。

有人猜测 2016 年 2 月，Uber 将在美国心脏月开启心脏疾病检查试验，或许未来 Uber 即将要进行的医疗项目是人们根本想不到的，除了 Uber 之外，其他的智能技术公司和医疗保健公司也可能在医疗保健领域谋划着推行共享经济模式。

★从大范围来看，共享经济的发展有能力对医院以及医疗体系产生颠覆性的作用；

★从劳动力角度来看，共享经济在医疗保健领域的应用，可能会改变传统医疗机构劳动力的工作方式，护士可能不再专属于一家医院，而是同时为多家医院效力，并被派往有需求的地方。

★从硬件器材方面来看，共享经济的应用也会改变大宗器材的采购方式，当前已经有很多医院之间实现了设备共享，这也就为医疗体系采购医疗设备制定了更加明确的目标，同时也变得更加精明，开始更好地利用他们所拥有得资产，从而缩减在采购医疗设备方面的开支。

此外，共享模式在医疗保健领域的应用也将提升医疗体系在医疗保健服务方面的投入，让消费者享受到更专业、水平更高的服务。

医疗保健领域的革新时机已经成熟，在众多新理念的支撑下，医疗保健行业将会颠覆传统，实现共享，以一种全新的面貌呈现在世人眼前。

第三章

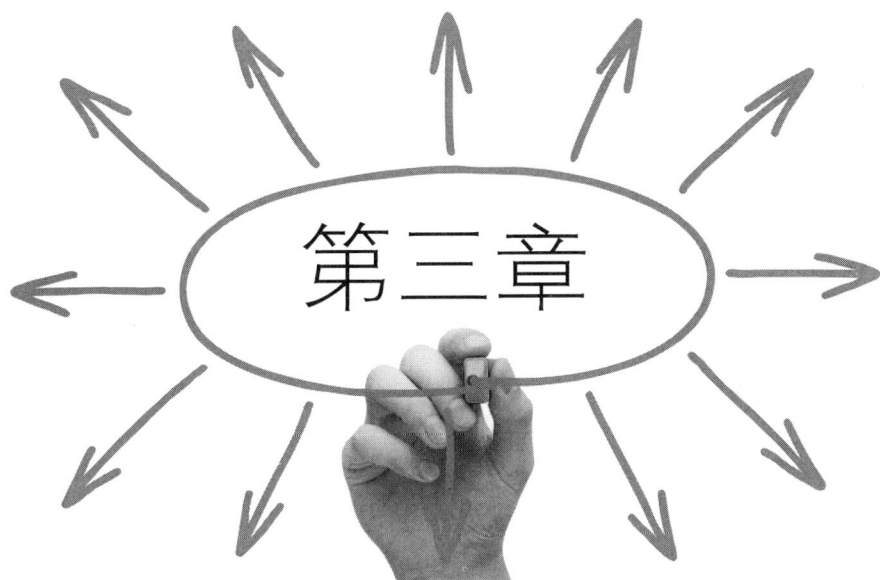

共享模式的价值：

共享经济时代，商业模式的进化与创新

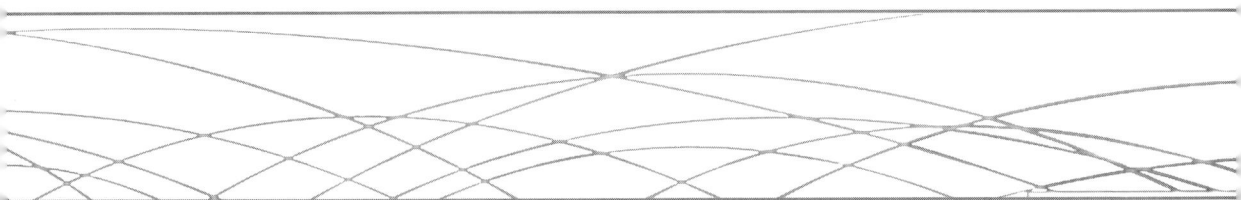

第一节 共享经济的可持续发展：
共享模式必须具备的十个因素

　　互联网经济的高速发展和渗透，在一定程度上促进了共享经济的发展和传播，个人对个人之间的资源共享，不仅开创了一种资源与服务的新型经济生态，同时也催生了一种新的商业模式。

　　租车、拼车以及在线短租等建立在互联网平台基础上的新型的商业模式对传统的出租车和酒店行业等带来了剧烈的冲击，传统行业的行业秩序也受到了一定的影响，而这种创新的商业模式能否实现持续发展？

其实所谓的创新的商业模式，也即是共享经济，那么共享经济到底是什么？

共享经济（sharing economy）最早出现于 20 世纪中期，《经济学人》在 2013—2014 年间对美国的共享经济发展状况进行了争相报道，主要介绍了典型共享经济模式代表的 Airbnb 以及在线租车行业在发展过程中遇到的机遇和挑战。

《经济学人》指出，美国早在十几年前就已经出现共享经济，共享经济的发展就像网络购物一样，经过了一个从质疑到逐渐接受和认可的过程。

在网络购物刚兴起的时候，消费者对其安全性产生了质疑，后来当人们在 Amazon 上成功实现购物之后，就确认网络购物是值得信赖的，因此在这一认知的基础上也就推动了网络购物的迅速成长，这就正如 Airbnb 和在线租车服务一样，在发展初期同样受到了社会各界的广泛质疑。

eBay 是一个 C2C 网络购物平台，最初只是一个简单的个人对个人的交易市场，后来这些普通的用户逐渐发展成为专业的卖家。共享经济在发展初期，也是提供个人对个人的交易服务。

The People Who Share 的创始人 Benita Matofska 是共享经济的重要实践者，在有了多年经验的基础上，Benita Matofska 对共享经济的含义进行了阐释，她认为共享经济也可以称之为点对点经济，是基于人与物质资料分享上的一种社会经济生态系统，不同人或组织之间在生产资料、产品、服务以及分销渠道等的分享都可以囊括进这一系统。

系统包括多种形态，利用信息技术将物品或服务的分享以及再使用的信息传递给个人、法人以及非营利性组织。当然前提条件是物品的信息被分享后，物品的商业价值就会得到提升，并有机会发挥其使用价值。

Benita Matofska 认为，要实现共享经济的可持续发展，必须具备十个基本的前提条件：

共享模式必须具备的 10 个因素

（1）人。

从本质上来讲，共享经济就是人的经济，人是社群以及社会的重要的参与者。个人、组织、企业、社团等都可以成为共享经济的参与者，他们通过分享系统贡献自己的物品或服务，并从中获得一定的收益和回报。

在该分享系统中，人不仅可以成为物品或服务的提供者，同样也可以扮演创造者、生产者、协作者等角色。在共享经济模式中，不管是企业主、消费者还是雇员都得到了充分的尊重和保护，他们的想法和意见也可以被应用到企业的具体运营中去。

（2）生产过程。

人、组织和社团都是共享经济的重要参与者，在生产或联合生产产品和服务方面发挥了重要的作用。整个生产过程对于参与者来说是开放和透明的，互联网的覆盖和信息技术的提升为产品跨地域的协同开发提供了重要的支持。共享经济的发展和广泛应用还逐渐增强了人们的社会责任意识，人们在生产过程中会尽量选择一些对环境影响比较小的生产方式，减少对环境的污染和破坏。

（3）价值 & 交易系统。

共享经济是一种分布式经济，不仅有形式多样的交易和价值创造方式，同时也有种类丰富的价值呈现方式。共享经济的价值不是只能依靠财务价值来体现和衡量，环境方面、经济方面以及社会方面的价值同样也是重要的衡量标准。

共享经济模式也可以允许多种流通货币，包括时间银行、区域货币、社会资本和社会投资等。利用物质或非物质的方式提高人们对资源的利用率，同时还积极鼓励人们参与到公益活动中去。在共享经济中，将众多闲置的资源重新赋予了其使用价值。

（4）分配。

共享经济将一定范围内的资源集聚在一起进行更系统有效以及公平的分配，共同购买、协同运营和消费等都是共享经济的特性。所有权分享使得社会的资产能够得到更公平地分配。不断完善的法律制度以及社会组织形式为资源的公平、自由、高效地分配提供了一种制度上的保障。

闲置的资产在共享和交易中被重新利用起来，构成了一种公平、高效的资源循环利用系统。同时共享经济的发展也延长了商品的生命周期，可以最大限度地挖掘商品的价值。此外，共享经济的实现还离不开信息技术手段，通过这些高科技的应用及时发现闲置的资源，并将其带入到资源循环利用系统中。

（5）环境。

共享经济以人和环境为中心。在共享经济中，人对资源的创造以及生产都是用和谐的方式进行，要尽量减少对环境的影响和破坏，而非以牺牲环境为代价来实现经济繁荣。共享经济发展的目标就是通过对资源的分享和重复利用来减少资源的浪费，从而有效地保护环境。

（6）能力。

随着经济发展水平和环境保护意识的不断提升，人们更倾向于一种经济有效以及社交化的生活方式，而在信息技术的支撑下，共享经济的发展赋予了人们对资源进行再分配以及再利用的能力，从而有利于推动经济有效生活方式的实现，同时也有利于形成一种开放、分享的民主决策方式，也可以在全球范围内形成一种开放、分享的政治管理体系。共享经济系统本身就有利于推动公平的实现，创造一种更加和谐的生活环境。

（7）法律。

民主、公开、公平参与是法律在制定过程中需要遵循的一些基本规则，由这些规则构成的民主系统可以在鼓励民众参与民主政治方面发挥重要的作用。

法律以及一些行政政策为个人、企业间的分享行为提供了重要的支持，比如 P2P 借贷、在线租车、拼车等都是一些资源分享形式。同时，法律、政策、基础设施等还构成了一种以信用评估、保险、声誉资产为基础的体系。

（8）交流。

在共享经济中，信息和知识呈现在一种开放、可分享以及方便获取的空间中，良好地交流和沟通不仅可以有效推动知识和信息流动，同时也是实现共享经济系统高效、可持续运转的核心。信息技术以及网络覆盖率的提升可以促进知识和沟通的分享。

（9）文化。

共享经济倡导的是一种主人翁式的精神文化，可持续、可信赖、快乐、健康是共享经济的文化特征。与他人共享的人不仅会收获一定的名望，同时也会获得鼓励，分享是没有地域、种族、性别、宗教之分的，只要愿意与他们分享，就可以成为共享经济的参与者。

人们应该用一种平等和尊重的态度看待多样性的文化，推动信仰不同文化的团体间的合作，分享与合作也被认为是连接各个团体的重要纽带。企业在发展过程中也应该致力于构建高效利用资源的合作型企业文化。

（10）未来。

共享经济是一种可持续的经济形态，利用前瞻性的目光来预测当前行为对未来可能产生的影响，从而有效推动共享经济的实现。

要实现完全的共享，需要有高度成熟的经济社会体系做支撑，因此：

★参与共享经济中的人应该具有较高的教育水平和道德素养，具有与他人分享的习惯；

★人们已经利用信息系统建立了一个完整的数据闭环，同时利用行业之间的互通数据，形成了一个庞大的信用体系，在人与人之间建立信任的基础上实现共享经济。

共享经济形态的形成是一个漫长而艰难的过程，不仅需要国内整体教育水平的提升，同时也要在一定程度上改变人们的生活和消费习惯，而国内低信任度的社会环境将成为影响共享经济发展的重要因素。

不管是在线教育、在线短租、拼车，还是小微金融、P2P贷款等，都是共享经济形态在一些领域的初次尝试，同时也构成了共享经济的雏形。未来，共享经济形态如果能在发展过程中克服重重困难，那么对整个社会来说将具有重要的意义，不仅可以有效提高资源的利用率，同时也可以增强社会上人与人之间的信任基础，推动整个社会的和谐繁荣。

第二节　信任创造共享:
共享模式的实现必须要建立完善的信任机制

共享经济以其迅雷不及掩耳之势涌入各个行业领域,颠覆了传统的交换经济。身处超级物联网的大环境下,人们的思维方式也发生转变,将互联网与共享相融合,催生出新的经营模式。

❊ 共享经济的病毒式蔓延

"共享经济"自 1978 年被马科斯·费尔逊(Marcus Felson)和琼·斯潘思(Joe L. Spaeth)提出,至今已广为人知。房屋租赁服务平台 Airbnb 就是共享经济在房屋出租方面的一个应用，在挑战传统性连锁酒店的同时，也颠覆了人们的思维方式，改变了消费行为和消费习惯，并且共享经济已迅速席卷各行各业。这种经济模式的核心就是发挥闲置资源的价值，实现供应者和消费者的共赢。

共享经济能够在各行各业繁荣发展，很大程度上依赖于互联网技术的发展。首先，互联网能将世界各地的人们联系起来，形成一个不受地域限制的全球化市场；其次，实现共享需要一定环境的孕育。例如，朋友间的互借行为依赖于对彼此的信任，一旦信任不存在，借用关系也就消失。互联网实现实名化、身份化，也就是提供了信任的外部环境。

共享经济所创造的价值除了显而易见的经济效益之外，还有常被人们忽视的共享活跃度。如果人们只是通过互联网传递信息，那么互联网的作用只是提高了生产效率。但基于信任的共享经济能够使得互联网发挥更大的价值，实现指数级别的增长。

Airbnb 的经营理念非常简单，可以理解成你去朋友的城市旅行，在朋友家借助一晚，为了表达你的谢意，你可能会送朋友一点礼物；同理，Uber 就是你借用朋友的汽车，或者搭顺风车。但不同的是，朋友之前的借用需要以情感的方式付费，而 Airbnb、Uber 等租赁服务则直接用现金支付。

因此，可以以"你跟朋友或熟人之间的借用互助方式"为圆心，向四周发散思考共享经济的理念，可以找到很多的创新点。比如，朋友之间的借钱是否借助于一个中间平台？陌生人之间基于信任的借贷是否需要维持这种关系的平台？在这种理念下，P2P 金融平台应运而生。朋友之间为了联络感情相互到彼此的家中聚餐，在这过程中是否允许陌生人参加？或者由朋友之间的借书行为，会延伸出什么样的服务平台？闺蜜之间互送服装、化妆品、食品、饰品等又会催生出怎样的商业形态？

如果这种延伸关系不局限于熟人或是朋友之间，那么在整个社会网络中的所有人都可能根据自己的需求，利用"网络+共享"的理念催生出一种新的商业模式，如企业与企业之间、企业与个人之间、非营利组织与非营利组织之间、同事与同事之间、学生与学生之间……

哈哈拼车就是从朋友之间的借车理念延伸出来的一款拼车服务平台。例如，你有急事需要外出，而朋友恰好经过你的目的地，这样你就可以搭乘顺风车了。哈哈拼车只不过将熟人关系换成陌生人，车主将自己的路线发布到网站上，用户根据自己的目的地选择车主，充分利用闲置的汽车资源。

同为创新工场投资的天天用车与哈哈拼车不同，它采取的是为用户提供一对一的拼车服务，一次只搭载一位乘客，并且倡议用户坐副驾驶，方便与车主交流。这种拼车模式可以为用户提供更便利舒适的服务。

由此可以断言，基于熟人关系催生出的商业形态，就是协同共享的经济形态。

☀ 没有"信任"，谁会"共享"

要发挥互联网在现实中产生的价值——共享活跃度，需要完善相关体制机制和营造信任的环境。共享经济实现的前提决定了"人与人的互信关系"的重要性，只有建立信任机制，才会实现共享经济。例如，企业中的员工只有在信任领导者之后，才会努力工作，提高工作效率。

信任度会随着博弈行为而不断发生变化。在博弈过程中，遵守规则的成员会提升在其他成员心中的信任度；而为了利益独享信息、投机取巧的则会失去信任度。但是在互联网提供的共享平台中，用户则没有较长的博弈机会，无法通过博弈获得好的博弈结果。信任的建立是实现共享经济的基础，只有具备良好的信任，共享经济才会以幂指数增长。

因此，只要你能给消费者安全感，让他们放心消费，那么你所建立的共享经济商业形态就会成功，众多的人会参与进来，提供资金、点子，并催生出更高效的经济形态。

☼ 信任的创造和促进

建立信任关系有众多方式，Couchsurfing 的个人主页就是一个典型的例子。Couchsurfing 在国内称为"我是沙发客！"，沙发客网站通过个人主页为用户提供一个交换信息的平台，并且不收取任何费用。这样信息丰富的主页能够给用户一种安全感，觉得风险很低，愿意尝试，并且个人主页上提供的信息业会激起用户的兴起爱好。值得注意的是，个人主页的信息越丰富越好，因为空白的个人主页会让人感到不安、可疑，也经常会被沙发主忽视。

沙发客[*]

此外，沙发主与沙发客兴趣爱好相近更容易达成共识。据了解，许多用户看到 Couchsurfing 的成员与自己志趣相投时，会产生共鸣，达成"睡沙发"共识。身处不同地域的两个陌生人也会因为相同的爱好而成为朋

---

[*] 图片来源：沙发客网站截图

友，并且相同的兴趣也会提升 Couchsurfing 成员在彼此心中的信任度。

Couchsurfing 的创始人之一 Dan Hoffer 提及沙发客网的创意源自一次旅行，随后迅速以独特的理念在年轻人中流行起来。在网站的设计上，关于各方面的信息沙发客网都力图做到详细，与客户之间建立高信任度，方便用户了解，安心使用沙发客网。

除了通过个人主页建立信任度之外，还可以通过提高人性化服务水平和接触整体品质，完善使用界面，增加客服服务环节以及利用科技创新等手段建立与用户之间的信任关系。

当然，信任的建立并不是共享经济商业形态的组织者所能够左右的，它还受社会风气、风土民情、经济环境、宗教信仰等多种因素的影响。因此，要建立完善的信任机制，实现共享经济的商业形态，需要多方面的共同努力。

但可以肯定的是，共享经济将是互联网的"现实价值放大器"，将有力拉动经济的增长，促进市场的繁荣。

第三节　零边际成本 VS 协同共享：
物联网 + 共享经济 + 大规模经济转型

　　研究经济学的基本结构、模式和功能等特征通常需要涉及三方面内容：通信媒介、能源、运输系统。三者之间相互联系，影响经济活动。通信媒介是指导经济活动的平台，如监督生产、组织交换、调节分配等活动；能源是信息共享的驱动力；而运输系统则将整个经济活动联系起来，形成一条产业链。通信媒介、能源、运输系统三者相互协作，降低经济活动的风险和综合成本。

　　当前阶段，一种新的经济模式正在市场中兴起壮大，这种经济模式的演进将在经济活动领域掀起一阵变革之风，提高生产效率，实现零成本成产单位产品。从而使消费者免费享受各种绿色能源、产品和服务，实现协同共享。

随着互联网技术的发展，越来越多的消费者改变了消费行为和消费习惯，开始通过互联网分享美食、图片、音乐、视频等，集上传、下载于一体，并且消费者的这种行为在一定程度上也冲击了传统影视业的发展。因此，有人认为信息时代的零边际成本现象对传统行业构成威胁。

物联网时代

如今，技术革命促使生产方式变革，零边际成本已遍及各行各业，消费者享受的大部分网络或实体店商品的边际成本都接近于零。20 世纪四五十年代兴起的第三次工业革命推动人类社会政治、经济、文化领域的变革，电子计算机等通信设备与可再生能源、物流运输相互连接，形成覆盖全球的市场范围。

美国趋势经济学家杰里米·里夫金认为，由通信、能源和运输相互融合的"超级物联网"将覆盖更广的范围，所有人都可通过互联网享受到免费的产品和服务，而不再受地域的限制。至 2014 年超级物联网已安装 120 亿个传感器，覆盖范围包括自然资源、道路系统、仓库、车辆、工厂生产线、电线、零售商店、办公室和家庭，可实现通信网络、能源互联网和物流互联网的信息共享。

全球领先的网络解决方案供应商思科公司预测，至 2020 年超级物联网将安装 500 亿个传感器；而到 2030 年，超级物联网安装的传感器将达到 100 万亿个。

在信息化时代，互联网技术的应用可以使企业和产消者互联共享数据信息，并运用"互联网＋"的思维进行科技创新，提高资源利用率和工作效率，降低生产成本。在超级物联网中可以实现新增单位产品而不影响总成本，消费者可以不受外界的限制而免费享受产品和服务，实现企业和产消者的双赢。

☼ 共享经济的崛起

随着我国经济的发展、科技的进步，共享经济的理念已被大部分人接受，并占据一定的市场范围。越来越多的消费者改变了传统的消费行为和消费习惯，集生产、消费于一身，开始通过互联网以零成本分享美食、图片、音乐、视频、知识、汽车、房屋、工具、3D打印产品等，并向可再生能源领域发展。

2014年6月9日，研究咨询公司罗兰贝格（Roland Berger）发布最新研究报告《共享未来：中国汽车共享市场前景展望》，中国的汽车共享市场将以80%的年增长率持续到2018年，发展速度超过欧美国家。康迪技术公司推出电动汽车共享服务是我国汽车共享市场的一个风向标。

2012年，康迪公司与汽车制造商吉利合作，在杭州投资建设750个多层车库，可容纳10万辆电动汽车。此外，车库采用的是自动贩卖机模式，无人管理，为用户提供方便快捷的租车服务。汽车共享服务深受沿海地区的欢迎，如杭州、上海、山东、海南等地。

房屋共享模式也深受中国消费者的喜爱。成立于2011年的途家网，是一家类似于国外Airbnb的房屋租赁服务公司，为用户提供大型度假公寓租赁服务，涵盖全国154个城市、8万套公寓和房屋。

途家网的房屋共享服务之所以能够在众多的连锁酒店中取胜，源自于它的零边际成本，消费者可享受低价格、高质量的服务，同时房屋业主可以足不出户就结实来自世界各地的朋友。

那么，消费者为何能以低于酒店的价格租到房屋呢？这是因为公寓住宅的固定成本已经收回，出租房屋所得的是额外收入，形成房屋共享零边际成本。然而即使是全球性的连锁酒店，在日常维修与管理中也需要花费大量的资金，根本无法与房屋共享服务相竞争。

我国的房屋共享服务平台有细致的客户层划分，比如途家网主要是为生活条件优渥的客户提供房屋租赁服务，房源也是大型的度假公寓；蚂蚁短租网和游天下短租网则为经济拮据的客户提供服务，大多是高校周边民宿和宿舍等，每晚只需23～50元的费用。而2014年房屋共享服务的总价值已高达29亿人民币，是2012年的7倍，预示着房屋共享的时代已经到来。

此外，服装共享服务也在我国悄然兴起。由聚善网络社会企业在2010年4月创建的善淘网（Buy42. com）是中国第一家在线慈善商店，致力于中国慈善事业的发展，大量的用户通过善淘网将闲置的衣物捐赠给贫困人群。

除此之外，一批新兴的小型企业，如sharism. org也在致力于共享经济的发展，通过举办研讨会分享知识、信息，并为其他企业提供免费培训课程和实战经验，以促进共享经济在中国薪火相传。

然而，一旦社会进入零边际生产，产品的固定成本已经收回，再得的就是额外收入，致使生产产品的积极性下降，从而减少生产活动、分配活动、交易活动的信息共享。消费者对商品只有使用权而不再拥有所有权，意味着可以享受的商品种类增多而数量减少，从而节省了资源，保护生态环境。

也就是说，生产活动的边际成本趋于零，消费者可以免费享受所有的能源、商品和服务，是最具绿色环保理念的生产模式，同时也符合可持续发展的理念。零边际成本是人类实现可持续发展的途径。

☀ 大规模经济转型

在信息化时代，协同共享的共享经济有巨大的市场发展空间，对传统的商业模式构成威胁，其效率以10%的速度高速发展。在《新资本主义宣言》（*The New Capitalist Manifesto*）的作者和《哈佛商业评论》（*Harvard Business Review*）的特约撰稿人乌玛尔·哈克（UmairHaque）看来，在零边际成本社会里，共享经济使许多利薄的行业利润更低，因此它的危害性也更大。

杰米里·里夫金也在《零边际成本社会》一书中写道："如果被正式称为消费者的人们的消费减少10%，而对等共享增加10%，那么，传统企业的利润率就将受到更为严重的影响……也就是说，某些行业必须转型，否则就会被淘汰。"

在当今时代，协同分享具有庞大的市场潜力。根据2012年的一份综合性研究发现，不同的时代背景造就了用户不同的消费习惯。协同分享深受62%的"X一代"和"千禧一代"的欢迎，他们通过互联网分享商品、服务和绿色能源，而"婴儿潮"一代和"二战"一代则更喜欢传统独占商品的方式。

在一份对共享经济优势排名的调查榜中，"省钱"位列客观优势的榜首，随后依次是"对环境的影响""生活方式的灵活性""分享的实用性"和"获得商品和服务的便利性"。而在主观优势上，消费者认为"慷慨"最重要，其次是"感觉自己成为社会中有价值一份子"，接着便是"明智"和"更有责任感"，而"成为社会活动的一部分"排在最后。

也有一些业界人士认为，零边际成本使消费者享受到免费的绿色能源、商品和服务，但是企业和投资者微薄的盈利满足不了生产支出，降低生产积极性。同时，专业人士也认为，大部分人对共享经济的理解还停留在表面，无法适应交换经济向共享经济的转型。

但是，从消费者的角度看，共享经济赋予消费者新的角色——产消者，产消者通过互联网，以接近于零的边际成本分享知识、信息、新闻、美食、音乐、视频、汽车、房屋、工具、3D 打印产品等，同时新兴企业可以通过研讨会增长管理知识，丰富实践经验，共享知识，激发创造潜力。在共享经济的拉动下，企业的创造力激增，生产成本大幅度下降，经济增长速度与 20 世纪资本主义市场经济增速不相上下。

随着人类步入零边际成本社会，创新能力和创造活力被无限放大，经济回报机制已不能适应共享经济时代的需求，一种基于造福人类的社会机制应运而生，旨在有益于人类的精神世界。目前，这种机制正取得显著成效。

资本主义经济体制在世界范围内仍有一定的市场，并可能继续在中国以及世界各地持续发展。与此同时，边际成本高的产品和服务也会占据一定的市场份额，以确保生产制造商有足够的盈余供后续发展。但是，超级物联网的形成以及共享经济的出现，催生了众多的产消者以接近于零的边际成本分享知识、新闻、汽车、房屋、绿色能源、医疗、教育、3D 打印产品等，而相关行业也将获得发展动力。

在协同共享时代，作为构建了第三次工业革命基础设施的金融行业也是实现共享经济的重要对象。但是，零边际成本社会不再以经济为衡量标准，这个社会正在部分地超越现有经济市场，产消者也打破地域的束缚，可自由分享商品，形成一个相互依存、共同生存、共同繁荣发展的全球化市场。

可以预见的是，在超级物联网和协同共享经济的大环境背景下，中国必将实现零边际成本，带领其他国家共享第三次工业革命的发展成果，促进世界更加和平、公正、民主、文明、开放。

第四节　10 亿美元的途家：
共享经济模式下，探索在线短租商业模式

"现代管理学之父"彼得·德鲁克（Peter F. Drucker）认为，互联网时代下企业对市场的争夺，与其说是产品和服务的竞争，不如说是商业模式间的较量。

一方面，随着科技的发展特别是互联网技术和平台的普及，大部分传统行业竞争白热化，产品同质化严重，市场需求趋稳，企业盈利能力受限。而"互联网＋"时代下产品和服务的可复制性和共享性，使得这两者的创新不再能为企业带来绝对的竞争优势。另一方面，企业一直以来秉持的、曾促使其成功发展的

商业模式，也已经越来越不能适应新时代的市场变化和消费心理。

因此，唯有进行适应经济新常态的商业模式的创新，才能使企业焕发出新的发展活力。因为在产品和服务都具有无限复制性和共享性的前提下，关键就是看企业以会怎样的商业模式，让同样的产品和服务在自己手中创造出更大的价值。可以说，在新经济时代下，商业模式已经成为企业经营的原点和根本。那么，何谓商业模式？它又有哪些构成要素呢？

☀ 商业模式的定义与构成要素

到目前为止，商业模式这个已经被业内和学者广泛接受和使用的概念，却并没有一个完全统一的定义。不同的学者和企业管理者往往会从需要出发，从不同的视角对这一概念进行解读。中国社会科学院工业经济研究所副研究员原磊，通过对已有研究的归纳分析，指出了商业模式的定义经历了从经济到运营、再到战略和整合的逐步递进和深入的过程。

具体来讲，经济类商业模式的定义主要侧重于揭示企业"赚钱"的根由，研究企业获利的内在逻辑。运营类商业模式侧重于研究企业创造价值的内部流程和基本结构。战略类则指出了企业如何根据外部环境的不断变化来调整自身，从而达到持续成长和盈利的目标。最后，整合类商业模式则可以看成是对上述三种视角的整合和提升，是从更本质的层面对企业如何良性运行的阐释。

可以看出，商业模式是一个包含了企业内外部各个要素及其关系的概念性工具。虽然对它的理解上有所差异，但人们对下面一点具有共识：即商业模式是企业创造价值和获取价值的整体性逻辑。说得通俗点，就是企业通过什么样的方式和途径来赚钱。

至此，可以把商业模式定义为企业跨越组织边界并相互依赖的系统。这个系统通过组织管理企业的各种资源（资金、原材料、人力资源、作业方式、销售方式、信息、品牌和知识产权、企业所处的环境、创新力，又称输入变量）来满足消费者的需求，并描述企业如何"设计交易的内容、结构和治理，开发新的商业机会，从而创造价值"。

商业模式涉及到了如何盈利这个企业生死攸关的问题，因此对每一个企业来说都有着不可替代的作用。特别是"互联网＋"时代下，社会形势和经济常态发生了巨大变化，企业传统的商业模式已无法适应产业价值链上的变动需求。因此，如何基于价值链不同环节要素的变化，进行商业模式的创新，就成为每一个企业在经济新常态下不得不面对的问题。

接下来，我们将以途家网为例，来看看它是如何以共享经济理念为基础，进行商业模式上的创新，从而成为国内在线短租行业的代表的。

☀ 途家网简介

途家网*

---

* 图片来源：途家网网站截图

2014 年 9 月，在北京的一场发布会上，途家网创始人兼 CEO 罗军在介绍公司的商业模式时，用了一个很有趣的"盒饭理论"：你在街边花 15 元买了一份盒饭吃，没吃完刚想倒了，跑来一个人跟你说，别倒，我替您吃了，再给您 5 元。本来被归入垃圾桶的剩饭却为双方都带来了收益，这就是通过共享的力量让闲置资源创造出新的价值。

共享经济理念在国外已经被普遍接受，并获得了巨大成功。其中，比较具有代表性的是两家在线短租网站：2004 年创立于美国德克萨斯州奥斯汀的 Home Away 和 2008 年成立于美国加州旧金山市的 Airbnb。这两个短租网站的成功，加上"互联网＋"下对共享经济认识的加深，催生了国内在线短租市场的迅速兴起。当前较有影响的在线短租平台包括蚂蚁短租、爱日租、游天下、途家网、美租网、住我那、爱房客等网站。

2013 年 1 月，蚂蚁短租和小猪短租获得千万美元级别的融资；2013 年 2 月，途家网宣布完成 B 轮融资，加上之前的 A 轮融资，总共金额高达四亿元人民币。2015 年 6 月 18 日，途家网完成了最新一轮融资，筹集的金额约为 2．5 亿美元。至此，这家初创企业已经接近 10 亿美元。

那么，在多数行业处于为资本奔波的情况下，以途家网为代表的在线短租，凭什么能够被人们一致看好并愿意对其投资？它又是如何获得盈利的呢？

途家网成立于 2011 年 12 月，是一家高品质服务式公寓预订平台，提供旅游地度假公寓的在线搜索、查询和交易服务。途家网依托国际领先的 O2O（Online To Offline，线上到线下）模式，线上提供旅游地高端度假公寓和别墅的在线查询和预订服务；线中呼叫中心提供 7＊24 小时客户服务；线下紧密结合旅游地不动产，提供高品质的度假公寓服务。

可以看出，途家网最具特色的地方就是 O2O 的业务模式，即把闲置房屋发布到公司网络平台上，线上搜索、预订、支付，线下享受服务。相比

于传统酒店的 B2C（Business To Customer）模式，这是一种基于共享经济
理念的具有极大优势的商业模式，也是对传统商业模式的创新。

那么，途家网这种在线短租平台到底有哪些优势？又是如何对商业模
式进行创新的？

途家网的商业模式创新分析

我们知道，任何商业模式的最终目标都是为了让企业能够更好的赚
钱。作为一种基于共享理念的创新，途家网的核心商业逻辑其实就是闲置
资源的价值再创造。通过盘活业主暂时闲置的房产，依托 O2O 实现信息和
资源的沟通分享，既为业主创造了额外收入，也使自己赚钱，同时又让客
户有了更优质廉价的体验，真正实现了多方共享共赢。

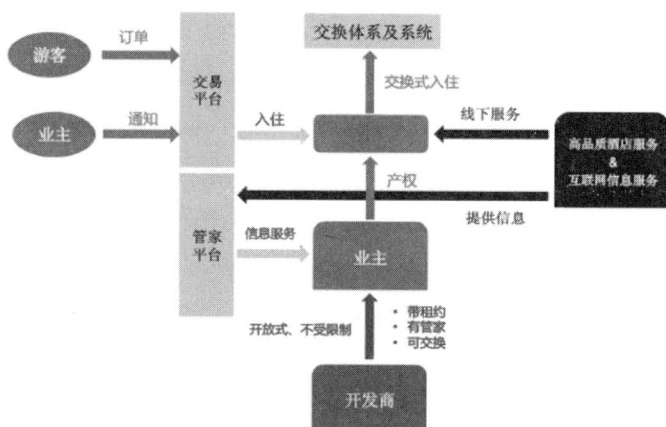

途家网的商业模式 *

目前，途家网的年收入甚至已经过亿。因此，在线短租虽然是近两年
才在国内兴起的，但发展势头却不可小觑。下面将从顾客、资源、流程、
盈利四个方面，对基于共享经济理念的商业模式的创新之处进行分析。

---

* 图片来源：创业邦

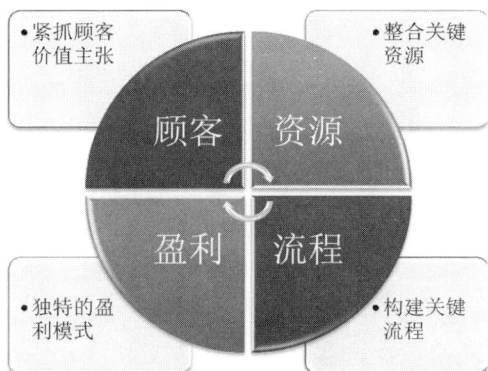

途家网商业模式的创新之处

（1）紧抓顾客价值主张。

随着生活水平的提高，人们有了更多的时间和金钱用来旅游。不同于以往走马观花式的旅游方式，今天人们已经把旅游作为一种缓解生活工作压力、放松身心的一种途径。《2011 年中国公民旅游消费者市场调查报告》的结果显示：在旅游目的上，选择"放松身心"的受访者高达 75.5%；在最想体验的旅游产品方面，排在前三的分别是"异族风情"（59.8%）、"浪漫游轮"（46.7%）和"惬意海岛"（39.7%）。

可见，当前的旅游呈现出休闲化的特点，人们越来越倾心于以休闲、放松、娱乐和家庭型为主的度假旅游方式。这也是由当前社会生活的变化导致的。一方面，人们在快节奏的工作生活中面临着越来越大的压力，因此通过旅游来放松身心成为很多人的选择。另一方面，在日常生活中人们多忙于工作，很少有时间能够陪伴父母和子女，造成了家庭成员间关系的疏远和紧张。因此，利用长假，选择一个适宜的景点，在和家人的旅行中享受亲情的温馨，成为了很多人的心愿。

面对这一旅游消费需求的新变化，传统的酒店模式无法解决一大家子人共住的问题，因而也就满足不了消费者的心理诉求。相反，基于共享经济理念的在线短租的出现，则可以充分满足越来越个性化和多元化的市场诉求。这种短租的度假房，既满足了一家人住在一起以便充分交流的需要，又可以自己洗衣做饭，让用户真正体验到"与家一起旅行"。

另一方面，以驴友和饕客为代表的很多游客，早已厌倦了以往那种"上车睡觉，下车看庙，对着镜头笑一笑"的初级观光模式，而是倾向于有更多的时间和机会与当地的风土人情进行接触交流，甚至融入到当地特色的人文和生活方式中。通过这种对不同特色文化和民俗风情的切身体验，来增长阅历、陶冶情操，实现对生命本质和自我生存方式的感悟和追寻。对于这些游客来说，能够与当地居民紧密接触的在线短租公寓，显然比传统的酒店更具吸引力。

总之，以途家网为代表的国内在线短租模式的兴起，很大程度上源于这一商业模式顺应了市场消费的新需求，把握住了客户的价值主张。

（2）整合关键资源。

"互联网＋"时代下，企业的成功发展离不开对线上线下各种资源的整合，途家网商业模式的核心也正是如此。作为以在线短租为主的企业，房源必然是最为关键性的资源。在这方面，途家网从开始就瞄准了旅游地的高端度假楼盘，不仅直接和地产商及当地有房源的机构合作，也与单个的房东合作，以此保证对运营中优质资源的有效占有和整合。

以途家网最早开通的三亚业务为例。其首期上线的房源主要来自亚龙湾、大东海、三亚湾等景区的别墅和海景公寓，都是五年以内一线海景房。同时，房间内部按五星级酒店标准配置，游客可以随时拎包入住，充分满足了中高端家庭度假的需要。在价格方面，由于是在共享理念下，利用闲置房产资源创造价值，自然比传统的五星级酒店便宜许多。比如，三亚五星级酒店双人房周末价格通常在2000元左右，而途家网可入住多人的海景别墅，一般才1500元左右。

正是这种精准的需求定位和优质的消费体验，促成了途家网在线短租商业模式的成功，公司的订单量也呈现出高速增长之势。途家网的成功也吸引了很多开发商主动与其合作。例如，在项目设计之始就让途家网参与到产品配比、户型设计的讨论中，同时也利用它的网络平台做营销推广。

在房产管理方面，途家网有两个主要的产品：途家·管家和途家·托管。两者都是借鉴美国斯维登（Sweetome）酒店先进的管理和服务经验，通过专业化的团队，对业主的房屋进行优化高效的管理服务。另外，途家还会定期提供专业的市场监控、经营报告和增值营销建议，以实现业主闲置房屋的灵活增值。

房源上，途家网与开发商、中介、个人、产权式酒店等多种主体进行合作，始终保持拥有充足的优质房源；范围上，侧重于在青岛、杭州、南京、成都等休闲旅游城市进行布局；海外业务方面，则主要通过与HomeAway的合作，推出4000多套海外度假房源。总之，经过几年的发展，途家网可谓成就斐然。目前已拥有了覆盖国内66个旅游目的地的三万多套预订房源，与龙湖、世贸、中铁集团等多个地产商签订了200多个房屋托管协议。

由于目前国内的短租市场还不成熟，消费者对共享经济下的短租行为的理解接受程度还不高。因此，在线上平台方面，途家主要借力于其它相关平台的流量资源，来实现商业模式的传播和业务的推广。如通过让OTA（Over The Air，智能终端应用的"空中下载"技术）巨头携程入股，建立起紧密的战略合作关系，以便共享其海量的流量资源。

（3）构建关键流程。

在线短租商业模式的实现，是以互联网技术和平台的发展普及为前提的。作为互联网＋下O2O模式的典型代表，途家的业务流程可以概括为：线上展示、支付，线下消费体验，线上反馈问题。

线上展示环节，主要是在网络平台上，途家将自己拥有的房源信息罗列出来。这些信息既包括房间的位置、房型、限住人数、家电配置及房价等内容；也包括房屋所在小区及周边配套设施的信息，如小区的地址、交通和安保情况，以及周边的饮食娱乐场所等信息。总之，在线上平台展示中，尽量将可能用到的信息都罗列其中，以帮助客户迅速、准确的找到需要的房源，从而在最初始阶段就尽量优化客户的消费体验。

当客户在线上平台获取了自己需要的房源后，途家还会作为中间人连接起客户和房东，让他们直接沟通，以便商讨其他具体细节。在客户做出选择并得到房东确认后，途家的客服团队会在最短的时间内，通过电话或短信的方式向客户及时确认或修改订单。据统计，途家网有50%的订单在30分钟内就能完成，一小时内完成的订单比率则高达98%。正是这种高效率的业务运转，大大提升了客户的消费体验。

付费环节，途家实行100%的在线预付模式，即用户必须在线上支付订金后才能得到预留房。对于这种完全在线预付模式可能出现的信用问题，途家则借鉴淘宝的支付宝模式，引入第三方线上支付平台和信用评级机制。具体来讲，就是先将客户的预付房费交由第三方平台保管，客户开始消费之后，才把款项转给房东，以此保证资金安全，解除客户的担忧。

在线下消费环节，途家更是通过多种个性化的服务来提升客户的消费感受。比如，"门对门"式接机服务，智能门锁，快速退房服务，详尽的客房指南，家居式的度假体验等等。另外，还制定了房屋损坏赔偿（由途家先对业主赔偿）和追偿（途家再找客户追偿）机制。

最后，在线上反馈方面，途家鼓励客户进行关于住宿体验的信息反馈，并将这些信息作为改善服务和进行房源排名的主要依据。例如，根据客户对网站预订流程、呼叫中心客服体验的反馈，不断完善相关服务，以便让客户拥有更优质的服务体验；根据游客对房屋质量和房东服务的评价，向后来的客户推荐拥有更优质消费体验的房源，并在线上平台的房源排序中把它们放在前列。

（4）独特的盈利模式。

国外的在线短租行业发展相对成熟，其盈利模式也比较多元化。例如，HomeAway 的主要盈利方式是房屋信息展示收费，即房东或地产经理通过缴纳一定的费用，获得在网站平台上展示其租赁信息的机会和位置。

根据 HomeAway 提交的 SEC 文件，2008 到 2010 年，其房屋信息展示的收入占总收入的比例分别为 97.2%、96.4% 和 91%。除此之外，HomeAway 的其他盈利方式还有：与第三方合作，为客户提供信用卡商业账户、旅游保险等服务，然后进行收入分成。在其网站上出售广告，通过广告展示业务创收。

目前国内的在线短租盈利模式还比较单一，收入来源主要是托管费用和交易佣金。例如，途家网按照 4∶6 的比例与业主进行收入分成。在所得的 40% 收益中，还要扣除运营成本、人力成本、房屋维护等方面的开销，余下的才是纯收益。

由于当前的收入结构比较单一，途家网在成本控制上下足了功夫。为了保证高品质的顾客体验，途家网实行严格的标准化服务配置，如统一采购洗漱用品，统一的 6 人座接机车队等。只是这样一来，大大增加了车辆折旧费用、保洁员和服务员等人工费用的开销。因此，除了车队以外，途家的很多服务都采用和第三方合作的方式。另外，还实现员工全国调配机制，将旅游淡季城市的员工，暂时调到旅游需求多的城市中工作，以此降低淡季员工的成本。

共享经济时代下的商业模式创新

如果将商业模式的创新分为完善型、调整型、改变型和重构型四种基本类型，那么，途家网基于共享经济理念的在线短租业务，就是一种调整型的商业模式创新。

商业模式创新的四种基本类型

短租行业早已有之，只是外部社会环境的变化，特别是"互联网＋"的冲击，使该行业传统的商业模式已经无法满足不断变化的消费需求。而以途家网为代表的在线短租模式的兴起，就是基于共享经济的新理念，以互联网为平台和技术支撑，对短租业原有商业模式的核心逻辑进行调整、发展和完善，以便能够顺应新时代的消费心理，提供优质的消费体验。

当然，任何事物的发展都不会是一帆风顺的。就途家网来说，要保持当前这种强劲的发展势头，可能需要提前做好下面两个方面的战略规划：一是对房源的争夺。随着共享经济被人们逐渐认可，在线短租这一新型商业模式必然会吸引到越来越多的参与者。因此，途家网希望短时间内实现房源的跨越式增长（从 3 万做到 40 万套），肯定会面临越来越严峻的挑战。二是服务品质的提升。当途家网的房源规模不断扩张的时候，如何继续保证甚至提升优质的客户消费体验，就是企业需要不断思考和解决的问题。

就整个在线短租行业来说，当前的国内市场还不够成熟，仍有巨大的空间有待开发，行业格局还远未定型，这些都为新的参与者提供了难得的发展机会和空间。有理由相信，随着线上平台和线下服务体系的不断健全完善，这一基于共享经济理念的商业模式，必然会释放出巨大的发展潜力，成为"互联网＋"下的商业新宠。

第四章

千亿级风口：

"互联网＋"时代的共享经济思维与创业创新

第一节　大众创业万众创新：
共享型公司创业成功的四项基本原则

共享经济从之前的生根发芽再发展到如今渐成主流，分享的物品从开始的虚拟数据到如今的房屋、汽车、办公设备等，共享经济的领域已经延伸到了众多的行业。科学技术的发展对人们创业所要求掌握的技能逐渐减少，业余和专业之间的界限也不再那么明显。

仅 P2P 租赁市场的规模就达到了 200 多亿美元，出租房共享领域的 Airbnb 经过一番融资后估值已经达到了 100 亿美元，拼车领域的 Lyft、二手服装交易领域的 Poshmark、社区式的健身领域的 Fitmob，当然势头最旺的打车领域领头羊 Uber 就更不能让人忽视了。这些新兴的行业发展模式给行业带来了巨大地冲击，它们以低价优质的产品或者服务迅速抢占了大量的市场份额。

但是这种经济模式也并非所有行业的"万金油"，一些行业并不适合采用这种共享型经济模式。在共享经济模式下，新创公司要想获得成功，创业者必须要遵循以下四项原则：

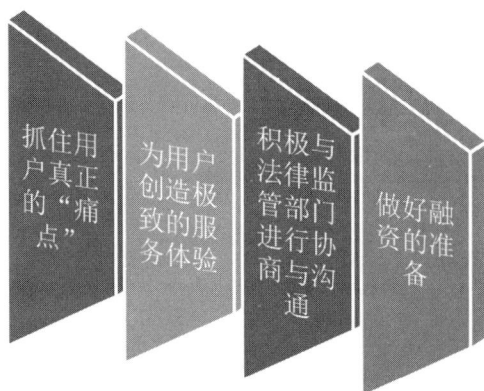

共享型公司创业成功的四项基本原则

✿ 抓住用户真正的"痛点"

共享经济所要满足的是消费者的强烈需求。消费者大都有一种安于现状的心理，没有真正吸引他们的痛点，他们并不想改变目前的消费选择。自助洗车 cherry 的发展历程就是一个典型的代表，它的盈利点在于人们可以随时随地享受到便捷的一键自助洗车服务，车主不需要再去指定的洗车店面，他们将车停在一旁发送一条洗车申请即可。

乍看这个创意似乎很有发展前景，但是只在短短一年的时间里 cherry 就宣布倒闭了。分析它的失败原因不外乎这几点：第一，它高昂的服务费用，洗车价格达到了普通的洗车服务价格的 5 倍以上；第二，它提供的服务就只是简单的清洗汽车表面，不提供清洗车内服务；第三，用户的需求度满足不了它的发展，一般的车主洗车频率大概在一周一次，而且不是刚性需求。因此，想要在共享经济领域获得成功必须从消费者需求强烈、频率高的领域着手。

搭车的需求相比于洗车就显得大多了，这些出行领域的打车、拼车等软件公司未出现以前，在人口密集的城市出行十分痛苦，传统的出租车付款方式必须要现金付款而且有些司机的服务态度恶劣。公交车、地铁则十分拥挤，车内环境比较差。此时 Uber、Lyft 的出现给这些出行的人们解决了出行的难题，它们付款方式便捷，乘客与司机交流氛围十分融洽。

健身的需求就更为强烈了，据不完全统计美国每年花在健身房的费用就高达 750 亿美元。通常 60% 的人办理完健身会员后根本就不去健身，美国政府发布数据显示全民体重一直在增长就是最有力的证据。Fitmob 就是看准了这一点，它采用新型的收费模式——相比于传统的健身房昂贵的会员费它使用阶梯收费制度，如果你去健身房锻炼的次数越多，你付的费用反而越来越少。

线下体验是核心，为用户创造极致的服务体验

一个设计完美的应用确实是一个软件公司营销的噱头，但是线下服务体验才是抓住消费者的核心要素，而这种服务体验又很难去控制，人们在享受一键式服务的同时，更为在意的还是良好的服务体验。

质量与服务方面上共享经济存在一定的隐患，这种经济活动中的供应商不是传统的品牌商，而且其专业性也有问题。共享经济模式的创业者在为客户带来极致的服务体验上是值得下苦功夫的，在创业初期的种子用户的评价对公司的成长是至关重要的。

在服务的品牌确立过程中，这些初创企业必须对这些提供产品或者服务的供应商进行严格的质量筛选。共享经济的一大亮点就是共享经济市场

的开放，所有的有想法的创业者都可以进入这个市场，最终能否成功还要看其服务质量到底如何。但是如果供应商所提供的服务质量有问题，通过用户评价的传播，这种负面影响被无限放大，供应商被用户所排斥，创业的公司自然也无法发展。

车主的服务质量是 Lyft 的重要关注点，Lyft 对车主进行评估的同时还会思考这个司机是否有资格去提供一些类似于酒店前台的工作。本质上共享经济背后的核心支撑点不在于科学技术，而是在于共享的需求下人与人之间的联系。

☀ 积极与法律监管部门进行协商与沟通

共享经济的最大难题还是在法律的监管上，一些法律使得这些新兴产业处处受限甚至直接严令禁止这些产业的存在。当前的监管体系所服务的对象主要是大型的企业，这种共享经济下的初创小公司根本入不了他们的法眼。在美国最大的法律问题还不是国家层面上的，州、市级别的法律使得这些初创企业生存更加艰难。

如果创业者选择无视这些法律规定，结局必然是公司倒闭。要想获得长足发展必须与这些法律部门及监管机构密切配合，营造多方共赢的局面。

法律要随着社会的向前发展不断的去进行优化，加利福尼亚州政府能够为了共享经济的发展改变监管体系以使这种利民的打车模式能够更好的发展。这些创业公司更应该去主动和政府进行沟通交流，避免一些不必要的损失。Airbnb 就在和旧金山政府进行沟通，以期望能够改变现有的房屋短租方面的规定。

Fitmob 所在的健身领域的困境是怎样将公园变为居民的健身场所，由于早期的公园设计并未考虑到户外健身的需求，如今居民在公园里健身打破了公园原有的平衡。在听到部分居民对公园健身的抱怨之后，Fitmob 积极的和旧金山公园以及休闲局进行协商，找到了有效的解决办法。现在 Fitmob 可以在公园的建设初期给予一些建议，并针对一些问题提出解决方案，这样就达成了多方的共赢。

创业者要做好融资的准备

多数人认为共享经济更依赖于技术，对资金的需求度不高，事实远非如此。看一下近期的这些共享经济领域的公司的动作：2015 年 2 月份，Airbnb 获得 10 亿美元的融资；2015 年 3 月 12 日，Lyft 获得 5.3 亿美元的融资；2009 年诞生以来，Uber 已经一共获得了 40 亿美元的融资。新生的 Fitmob 也获得了 900 多万美元的融资。

这些巨额融资的背后到底隐藏着何种战略？下面进行几方面的分析：

★这些初创公司在前期需要为服务及产品供应商提供足够的资金诱惑，他们需要为供应商提供足够的利益以使他们能够放弃之前的选择并让供应商先得到利益回报。一些企业还会在合适的时机向供应商推出自己的"平台"，即使这些企业明白消费者的需求很难去预测。

★这种基于位置信息提供专属服务的"超本地化"企业需要在种子市场投入大量资金带动企业的发展。如果你的业务范围处于一个特定的市场，再向其它地域转移时一切都要再重新开始。

★共享经济的初创企业也需要引进技术人才，而且对技术的要求更为广泛，需要一些能够掌握当地的市场、物流、营销以及精通当地政策的监管人员。做一个 APP 应用平台也许几个月就能搞定了，但是能够保证企业的每个市场都能始终如一的提供优质高效的服务才是创业者要去用一生去维护的。

一些初创企业在共享经济模式所带来的机遇下已经在国际舞台上站稳了脚跟，还有一些创业者还在寻找能够真正适合这个模式的行业领域。但是有一点却是毋庸置疑——共享经济将会带来一场人类生活的巨大变革。

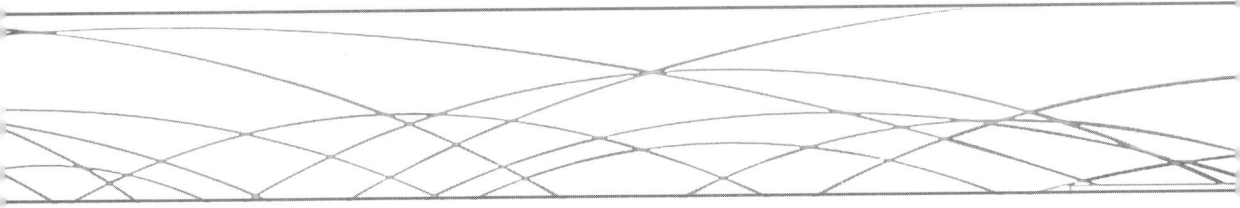

第二节　共享经济创业的五大指标：
　　　　基于用户需求的企业经营战略

在移动互联网和超级物联网的大背景下，市场开始全球化，突破地域间的限制，优化资源配置。共享经济也迅速席卷各行各业，房屋租赁行业的 Airbnb、汽车租赁领域的 Uber 以及中国的 PP 租车、宝驾租车等。

随后，共享经济行业又出现了新的模式，基于买方需求而产生的 Kinnek 公司和基于动态通勤闭环系统而产生的 Bridj 公司。但在发展过程中，这类公司面临着一个共同的难题，就是如何处理以下五大指标：

平衡供需关系

加速用户参与度

毛利润和"二八原则"

保留率

关联性和依赖性

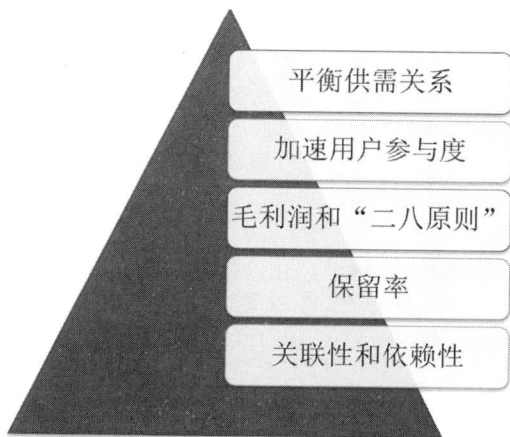

共享经济创业的五大指标

企业间在实现信息共享、资源优化配置的同时，还要思考如何使企业的利润以"曲棍球棒式的曲线"增长。在这方面，Airbnb 和 Uber 就做了良好的示范，既赢得了用户的信任，又实现了经济的增长。纵观 Airbnb 和 Uber 的发展历程，我们可以发现上述指标发挥了重要作用。

平衡供需关系

在共享经济的市场中，平台的首要任务就是平衡好供需关系，同时满足买家和卖家的需求。如果供不应求，那么买家就无法享受极致的服务体验；而如果供大于求，那么卖家的利益就可能在一定程度上受损。无论哪一方的需求得不到满足，都会影响平台的发展。

供需双方在共享经济行业中联系密切，互相影响，一方的发展会使另一方也随之变化。通常，企业会密切关注供需双方或者侧重其中一方，假使供应端的供应量增加，那么需求端也必定增加需求。

例如，以提供家居清洁服务为特色的 Handy 公司，就是密切关注供需双方的需求变化，不断的调整战略。在一定区域内，如果需求过高，供不应求，那么 Handy 公司就会招聘更多的员工去为用户提供服务；反之，如果这个区域供应过足，需求过少，那么 Handy 公司就会减少员工人数，以适应市场需求。

加速用户参与度

在共享经济时代，用户的信任度是企业制胜的关键。只有用户信任企业，觉得企业可靠、安心，才会参与到企业的活动中来，享受一对一的定制服务。但是，企业在提供定制服务的同时，并不能保证每一次都做到精确服务，让用户满意。

例如，你要去机场，时间非常紧急，在选择租车平台时，你会更倾向于等待时间只有 5 分钟的 Uber，而不是等待时间需要 15 分钟的 Lyft，但是 Uber 却意外的迟到了 5 分钟，导致你错过飞机。Uber 一次失误并不能代表它失信于用户，或许日后你还会倾向于选择 Uber 租车软件。

毛利润和"二八原则"

企业实现共享经济，为供需双方提供服务平台，供需双方通过企业满足自己的需求，优化资源配置，并向企业支付一定的费用，构成企业的收入来源。通常情况下，供需双方根据企业提供的平台价值，按 10%～25% 的比例向企业付费。

如果双方愿意的话，也可以根据他们的意愿向企业支付费用。因此，为了平衡企业与用户之间的利益，企业通常会进行价格测试，以期找到一个价格浮动范围，既保证企业的收入，又能让用户体验到物有所值的服务。

在企业管理以及市场竞争中，经常会出现"二八原则"的现象。为了避免这种不平衡的现象，企业必须有弹性的支付费用，并且通过提供定制化服务满足用户的需求。在具体的实施过程中，企业需要利用一切渠道为用户提供个性化服务，企业服务的范围越广，越可能避开"二八原则"。

☼ 用户留存率

用户留存率是体现一个企业平台质量和留住用户能力的重要指标，也是预测企业收入和衡量增长速度的重要指标之一。因此，各行各业都把吸引用户当作一项战略任务，但在实际的营销活动中，获取每一个用户都非常困难，获取第 1 千个跟获取第 1 万个、第 100 万个用户难度相同。即使成功获取了用户，也不能保证这些用户都转变为留存用户。如果你每个月都可以获取 1000 个新用户，那么这些用户中有多少会成为留存用户，在你的业绩增长中发挥作用。

留存率是由一个企业的管理团队经过长时间的持续跟踪，综合各种因素，如市场营销的推广力度、销售服务质量以及产品团队的合作能力等计算出来的。要保持企业的用户留存率，需要企业发挥平台作用，满足供需双方的需求，提高用户的参与度和满意度，从而增强用户粘性和忠诚度。汽车租赁服务平台 Uber 公司用七张巴西世界杯门票奖励工作出色的驾驶员，为众多供应商在取悦用户方面做了良好示范。

☼ 关联性和依赖性

在共享经济的时代背景下，企业在市场竞争中常会思考的一个问题就是：如何借助互联网优势，发现企业经营各要素之间的联系，从而在行业竞争中制胜。

企业思考的结果就是房屋租赁平台 Airbnb 免费为供应者提供拍照片的服务，并向房主传输一些如何收拾屋子以吸引租客的诀窍。因此，当消费者在网上搜索房间时，会被那些环境优美、干净整洁的屋子吸引，以至于提供高质量照片的房主更容易将房子租出去。正是因为 Airbnb 在发展的过程中综合考虑各方面因素，才会取得优异的成果。

一些企业走进管理的误区，认为只要掌握了以上五个指标，企业就会在行业竞争中脱颖而出，赢得消费者的青睐。但是经过企业多次召开会议、举办活动以及各界人士的探讨，发现这些指标只是共享经济行业中企业必备的素质。只有具备了这些素质，企业才有可能吸引用户、留住用户，繁荣发展。

因此，随着互联网的发展，信息经济的普及，协同共享的理念已经被众多企业接受、认可，企业在经营发展的过程中要始终关注以上五个指标，用以衡量自己的经营态势，随时调整战略，以满足供需双方的需求，形成用户粘性和忠诚度。只有这样，才能搭上共享经济时代的顺风车，获得长久发展。

第三节　由 P2P 到 B2B 的转变：
谁将成为 B2B 共享领域的新霸主

作为共享经济的两大巨头 Uber 与 Airbnb 在最近获得风投机构的新一轮投资后，其估值已经攀升至几十亿美元，共享经济的话题已经成为各大行业关注的焦点。共享经济模式下，空闲的房间可以出租给别人，与他人共同共享租车服务，还可以利用自己的空闲时间送快递、送餐等，共享经济的自雇模式大行其道。

共享经济借助金融市场从风投机构获得了巨额的资金，一些专业机构的分析称：预计到 2025 年全球共享经济规模将会超过 3000 亿美元。共享经济的迅速发展正是得益于互联网技术的迅速普及以及大规模应用，特别是近年来的智能手机的革命性发展使得人们通过手机终端提供有偿服务将自己空闲的资源租赁给他人，为一些人带来了一笔额外的收入，提高了他们的生活质量。

❊ 下一代共享经济是 B2B

目前的共享经济模式主要为 P2P，但是共享经济 B2B 模式正以其迅速发展的企业数量在不断成长，尽量精简企业的服务体系，促进更加低成本、高效率的运行，进一步优化企业的共享资源，使他们得以高速的传递与运转。

B2B 的经济共享，企业将资金花费在运营的成本上，减少了不必要的开支，还能在一定程度上提高效率。企业将自己的精力放在自己所擅长的领域精耕细作，将一些不擅长的领域外包给一些专业性的组织，为消费者提供优质的服务与更为舒适的体验。

❊ B2B 和 P2P 共享之间最大的不同

共享经济实现了 B2B 与 P2P 模式的企业对一些闲置资源的充分利用，使他们减少了成本消耗，更为高效的发展自己的企业。从深层次上讲，B2B 可以使消费者获取到一些你无法接触到的资源，比如一些服务的平台出现系统崩溃或者服务器繁忙问题，你自己仍然可以打到一辆出租车，你的需求是否能够得到满足不一定非要依赖有充足的资源去供你使用。一些B2B 企业提供的共享服务则可以使你接触到这些难以触碰到的资源。

当下 P2P 经济的运行模式依赖一个信任体系的构建，Uber 与 Airbnb 提供的服务在几年之前我们根本就难以想象，他们成功的利用互联网技术的发展，在用户的沟通渠道越来越多的前提下推出自己的产品及服务，在社交媒体、移动端 APP 应用以及一些评论中实现信息的共享。

　　B2B 模式的共享者，并不是建立在彼此之间有着信任的前提下，他们所依赖的通常是产品或者服务的质量以及用户的极致体验，该模式下人们可以对某项服务一次性买单，但是当消费者对产品或服务不满意，那么业务立即终止。追求产品与服务质量以及消费者满意度的提升将会有助于企业产品附加值的提升，使他们效率及回报率更高。

☀ B2B 共享意味着"流水线"将更加高效

　　传统的大型企业就如同是七色板，每个颜色都代表着不同的部门运行的多样化的业务。共享经济的应用变革了这种模式，现在企业主要推动消费者去主动寻找这些不同业务所提供的服务。共享经济下的企业转变成了流水线，流水线上的个人或者团队代表了不同的业务，将会提供差异化的服务，提高了企业的运行效率，企业只需要支付消费者所需要的某种业务服务的成本即可。

　　这些个人或者团队完成自己的业务服务后，总体上又完成了一个完整的业务，这样降低了成本消耗，也通过这些有专业技术的个人或者团队提升了产品与服务质量。

　　共享经济促使企业减少了过度招聘所带来的人员冗余，有效调动员工的积极性与创造力，在一些产品或者服务效益不好的时候，及时的终止掉与这些外包业务的合作关系，既解决了裁员所带来的烦恼，又可以减少亏损。

☀ B2B 共享领域里的一些"巨头"

　　目前的 B2B 领域，呈现出各大行业的企业百花斗艳的繁盛时期，尤其是在一些办公设备及场所甚至是一些在供应链内被闲置的机械设备等领域。下面介绍几个在 B2B 领域冉冉升起的新星：

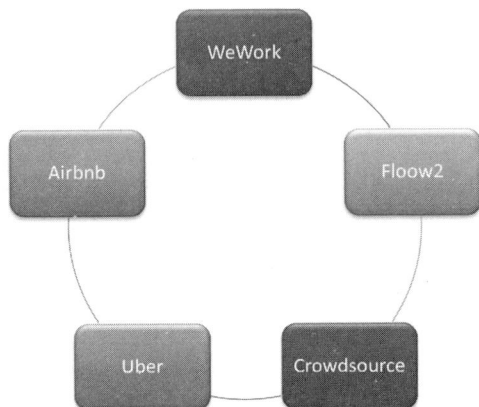

B2B 共享领域里的 5 个"巨头"

（1）WeWork——联合工作场所（Co‐Working Spaces）。

以 WeWork 为代表的共享经济模式下的联合办公场所在短短一年中增加了 80% 以上，它为初创企业提供办公场所以及配套的创业社区，每个月的租金为 250 美元。WeWork 使这些初创企业可以减少在办公场所上的投入，使他们将精力集中到公司的发展上，而且创业社区类似于企业孵化器的功能为这些初创企业提供了很大的帮助。

（2）Floow2——共享供应链。

Floow2 为荷兰的一家共享经济 B2B 模式企业，他们提供供应链共享服务，有助于企业提高效率并减少一些设备以及人员上的投入，企业之间可以实现资产的深度共享，比如：机器、厂房、工人、办公设备等，目前该公司的网站上提供共享的产品多达 2.5 万种。

（3）Crowdsource——众包和咨询。

这种类型的公司可以为企业处理好劳动密集生产型员工的管理方案，有效提高他们的生产效率，Crowdsource 统计的数据表示，从 2008 年以来，在众包模式下运营的企业，工作量上涨了 700% 以上，有效减少了企业因过度招聘会引发的员工冗余问题。

（4）Uber 与 Airbnb。

共享经济模式下的两个巨头，自然也不会甘于在 B2B 领域落后，相继推出了自己的 B2B 产品。

WeWork，Floow2 等一些 B2B 领域共享经济的企业的发展前景一片光明，不久的将来这些企业将会获得更大规模的增长，他们将为企业带来新的模式与运营思路，使企业高效率、低成本的运营。B2B 共享经济的变革之风已然吹起，你所做的就是去积极拥抱、奋勇向前。

第四节　PP 租车创业启示录：
我们如何在 P2P 租车领域获得成功

　　"共享"一词的产生历史悠久，明代冯梦龙的《东周列国志》早有叙述，接近于古人所说的"大道之行也，天下为公""人人分其仰事俯畜之物产财力"的境界。随着信息化时代的到来，"共享"的理念从社会领域转向经济领域，将单纯的社会效益变为社会效益与经济效益于一体。

　　深究"共享"的历史可以发现，无论是古时的"大同社会"，还是互联网时代的"共享经济"，都需要人们从思想上认同，适应从产品所有权到使用权的转变。

但是，随着移动互联网的发展，人们可以运用信息化的手段加深对共享经济的理解，适应在协同共享社会下，通过互联网与世界各地的人们联系、交易，用户可以根据自身的需求享受资源，并向平台缴纳一定的费用。使用完以后归还，以便其他用户可以继续享用。平台通过多次向用户提供服务，获取收入来源。毫无疑问，互联网的发展为共享经济的实现提供了技术基础，而供需关系中的支付费用则构成了共享经济的内在驱动力。

☀ PP 租车："云"理念支撑 P2P 共享租车模式

PP 租车*

P2P 租车行业的领导者——PP 租车在经营管理的过程中就运用了云理念为用户提供服务。通过 PP 租车将车主和租客联系起来，租客发布需求信息，汽车闲置的车主就为租客提供服务，并获得额外收入。以此优化资

---

* 图片来源：PP 租车网站截图

源配置，同时满足车主和租客的需求，实现双赢。

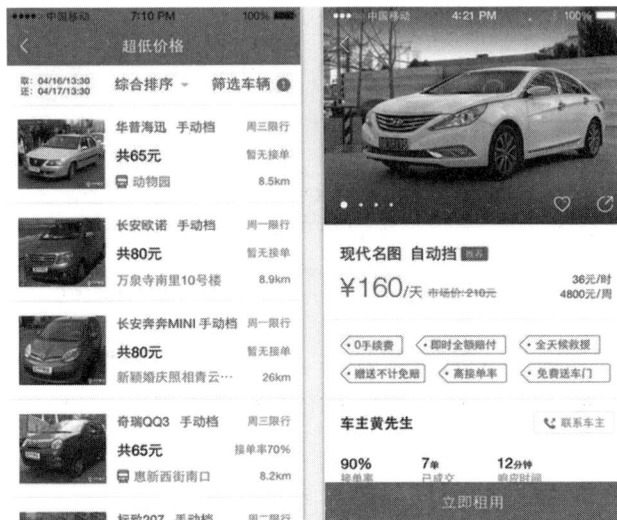

PP 租车 APP *

　　PP 租车在 APP 中安装了为供需双方服务的软件，车主可以在汽车闲置时通过 APP 软件发布信息，需要用车的租客就可以在 APP 上看到，根据自己的需求选择相应的租车业务。PP 租车通过提供租车平台将车主和租客集合起来，形成一个资源池，当资源使用完后，资源池清除相应的忙标示，以便其他用户使用。

　　对于首次在网站上注册的新用户，PP 租车会安排客服在 5 分钟之内打电话向用户详细介绍关于 PP 租车的服务以及需要注意的问题，此外还会确认用户手上是否有闲置的汽车，以便为周边的社区提供服务，优化资源配置。

　　但是，在汽车行业实现共享经济还需要企业更努力的宣传共享经济带来的便捷以及益处。在传统的观念里，"共享"意味着"人们需要把曾经

　　* 图片来源：苹果网

视为贵重财产的东西工具化"。能否成功地将拥有权向使用权转型，是制约PP租车在信息化时代以及P2P租车服务行业发展的关键因素。对于类似于汽车、房子这样的贵重商品，人们很难像对待一把电钻一样放心地借用给他人，即使会获得额外的收入也非常困难。

但是，PP租车的创始人之一王嘉明看到了传统租车市场的"漏洞"，存在大量私家车闲置、交通堵塞严重、环境污染以及节假日期间一车难求等问题，大量用户的用车需求得不到满足。PP租车抓住这一市场机遇，率先于2012年在新加坡成立公司试运营，随后于2013年10月在中国北京正式上线运营。

☀ 两地创业，做好共享经济的保障和基础

新加坡昂贵的汽车市场使新加坡国民看到了PP租车的优势。首先，新加坡汽车的市场价格比中国高几倍，大多数国民难以负担得起；其次，新加坡车辆众多，停车位极缺，车场的管理费用还很高，车主在保养、维修、管理汽车上也要花费巨额费用。新加坡汽车行业的客观情况，催生了PP租车在新加坡的兴起发展。

在2012年10月PP租车成立之初，其主要面临着三大挑战：一是如何保障供需双方的权益，提供满意的服务；二是如何号召新加坡国民分享自驾车，参与到活动中来；三是如何在遵守新加坡政府的前提下，获得经济效益。

★权益保障方面：PP租车为用户购买保险，一旦发生交通事故，由保险公司和PP租车承担所有费用，并对用户进行经济赔偿；

★在车主参与度上：在试运营阶段，通过市场调研了解用户的需求，并加大媒体宣传力度，切实保障车主的利益；

★当地政府的法律政策是制约PP租车繁荣发展的首要因素，每周五晚上七点到周一早上七点的运营时间根本无法满足用户的需求。PP租车只能在

有限的营业时间内提高服务质量，让用户满意，以此提高用户留存率。

为给用户提供更便捷的服务，PP 租车向新加坡政府申请延长租车服务时间，并获得了新加坡政府联合 VC 的 300 万人民币投资。在 PP 租车上线半年后，在面积不足北京 1/20 的新加坡，PP 租车已经拥有 6000 位租客，1000 多位私家车主，在新加坡私家车中占 1/500，如此庞大的服务范围已经能够满足当地居民的用车需求了。

PP 租车在新加坡的优异成就鼓舞了整体创业团队，将战场转向中国大陆。中国人口众多，租车市场更具备潜力，并且北京与新加坡存在类似的政策问题，政府限购在一定程度上放大了居民的用车需求，但是北京却没有限制租车时间的相关制度。此外，PP 租车还可以将在新加坡的成功经验移植到国内。综合考虑各种因素，2014 年 6 月 6 日率先在北京、上海、广州、深圳四个城市开通 PP 租车业务。

PP 租车在北京正式上线之前做了详细的市场研究，调查发现北京和新加坡两个市场的用户接受率相近。如果 PP 租车能保障用户私家车的安全，并且在法律允许的条件下，北京市民则有接近 17% 的人愿意参与；而新加坡的居民在同等的条件下，有 19% 的人愿意接受。调查结果使 PP 租车团队信心大增。

针对中国特定的国情和市场环境，PP 租车建立了一整套完善的运营维护机制。在保障车主权益方面，选择与中国人保、华安保险、民安保险三家公司合作，一旦发生交通事故，将由保险公司和 PP 租车承担损失，此外还会给用户一定的经济补偿，保障了车主的权益和私家车的安全，让车主放心的参与进来。

在遵守国内租车相关法律政策方面，PP 租车专程向专业的律师和北京交通管理部门的领导咨询，确保在不违反政策的前提下，在北京上线运营。在用户身份验证方面，PP 租车建立了严格的审查制度，采用实名制登记，严格按照公安局的备案信息进行用户身份审核；同时，还建立了淘汰制度，信誉过低的用户在 PP 租车平台上根本没有立足之地；此外 PP 租车还严格检测车主的汽车，确保车主和租客的安全。

经过接近半年的精心准备和策划，2013 年 10 月 10 日 PP 租车正式在国内上线，2014 年 6 月进入北京市场。在移动互联网时代，PP 租车也在积极创新技术，提高为用户服务的水平，以便让用户享受到更具智能化、个性化的服务。

☀ 定位感知技术增强服务体验

共享服务兴起的基础就是供需双方的地理位置相近，处于同一个社区或是临近的社区。PP 租车就是在用户地理位置相关的基础发展起来的，让位置临近的用户共享闲置的汽车资源。

车主和租客可以通过 PP 租车平台发布供求信息，随后 PP 租车的 APP 会根据车主和租客的位置随机分配。此外 PP 租车还在每辆参与的私家车中安装了"PP 智能盒"，可以随时定位车辆位置，一旦发生交通事故，"PP 智能盒"可自动报警；同时还可通过"PP 智能盒"设定行驶距离范围，汽车在行驶过程中通过传感装置检测，一旦超过这个范围，"PP 租车"就会告诉车主，以确保车主和租客的人身安全。

但是"PP 智能盒"的随时定位功能在确保车主和租客安全的同时，也带来隐私泄露的隐患。针对这个问题，PP 租车的联合创始人王嘉明表示："目前这个模块只是集成了这方面的相关功能，而实际并没有开放所有的功能让用户使用。"随着 P2P 租车服务模式深入人心，私家车安装定位装置必将成为趋势，但是只要做好相关的保密措施，用户的隐私也将得到保护。

目前，类似"PP 智能化"的定位装置的主要功能还是传感和通信，侵犯用户的隐私还很少涉及。例如，车主和租客可以通过 PP 租车的 APP 发布供需信息，租客取车时也无需钥匙就可打开车锁，同时还可以自动计算驾驶里程等，为租客提供便捷服务。

在保障用户权益上，首次注册并使用的 PP 车主用户需要交纳 200 元的改装押金，当通过 PP 租车平台赚得额外收入超过 1000 元时，便可收回 200 元的押金。

☀ 传播共享理念比商业模式更重要

可以预见，未来 PP 租车的主要收入来源于为供需双方提供的平台服务。但在目前，PP 租车公司的盈利还非常少，相比于经济效益，他们 PP 租车更关注社会效益。车主获得的额外收入越高，他们就越会忠诚于 PP 租车，也将会吸引更多的私家车主参与进来；同时，租客所承担的费用也低，更倾向于选择 PP 租车，而不是传统的出租车。随着 PP 租车的繁荣发展，用户数量越来越多，PP 租车必定会制定一套新的市场参与机制。

PP 租车的经营理念就是共享经济，通过互联网将车主和租客联系起来，满足供需双方的需求。随着信息化时代的发展，共享经济必将受到大众的欢迎，积极转换思维方式，由所有权向使用权转型。

随着互联网的发展，众多基于网络化的企业正在兴起，甚至大型的互联网公司也积极实施共享经济模式，为中小型企业提供了信息资源，有助于它们在激烈的市场中生存。因此，从长远来看，共享经济为类似于 PP 租车这样的新型企业提供了良好的外界环境，也许当 PP 租车发展到一定程度时，也会采取与大型企业合作共享资源。但在目前，出租汽车市场竞争还比较激烈，PP 租车既需要应对传统的出租公司，还要与打车软件，如嘀嘀打车等争夺用户资源。

因此，PP 租车需要制定长期的发展战略。例如加大宣传力度，吸引更多的私家车主参与；同时提高服务水平，确保用户的权益和安全；通过技术创新，完善经营模式。未来，PP 租车则将在全国大中城市移植北京 PP 租车的成功经验，让更多的人享受到共享经济带来的发展成果。

第五章

共享租车：

共享理念渗透出租领域，颠覆传统汽车租赁模式

第一节 "租车大战"背后的商业逻辑：
共享经济模式优化资源配置

在打车和专车领域竞争的最为激烈的时候，拼车领域的加入成为竞争市场中的另一个焦点。据媒体报道，在2014年，拿到融资的专车和拼车类APP有20多家，融资金额高达2亿多美元，拼车市场随着资本的加入愈加火爆。

目前，嘀嗒拼车并没有加入BAT（百度、阿里巴巴、腾讯）阵营，但却在拼车领域中抢先占据了拼车市场的头把交椅。由APP Store下载量等各种第三方监测数据可知，嘀嗒拼车的日均订单量为20万，在拼车市场中遥遥领先，比第二名和第三名的搭乘量总和还要多。嘀嗒拼车为何能够打破传统出行模式，并在 C 轮融资时，获得 1 亿美金的融资金额，受到资本市场的青睐？经研究发现，是共享经济让拼车更适合出行市场，得到消费者的青睐。

❀ 共享经济"去中介化"，给予消费者更大主动权

互联网的发展，智能手机的普及，让所谓的"合作性消费"或"共享经济"越来越深入人们的生活，成为人们生活工作中不可或缺的一部分。

2011 年，美国《时代周刊》中提到："合作性消费"将成为改变世界的十大想法之一。现在看来，这种经济改变了传统的出行模式，影响着我们生活中的方方面面，而"去中介化"是共享经济发展的核心动力。

在传统行业中，消费者会感到自己处于被掌控的状态，从而从内心产生不信任，而共享经济却帮助消费者消除了这种不信任感。比如，嘀嗒拼车和传统的出租车和专车相比，它的产品设计要求是：当车主和乘客注册完毕时，首先各自输入家的住址和工作住址，基于顺路的原则，用户的出行需求通过平台传达给顺路的车主，并等待车主的应答。

基于顺路的原则，车主和用户之间不需要中介便可互相满足要求，这种去中介化的特质使得嘀嗒拼车成为 C2C 的应用典范。而传统的出租车和普通专车采用的是 B2C 模式，用户和车主之间还需要出租车公司和运营平台作为中介。

C2C 和 B2C 本质上的不同，造成嘀嗒拼车和出租车、专车的价格机制相异，嘀嗒拼车是在用户上车之前就已经根据路线计算好了价格，没有等候费也没有空驾费。不管你是本地人还是外地人，不管路途堵车还是不堵车，你都不用担心计价器蹦字这个问题。

在这种环境下，消费者拥有更大的主动权，用户的出行成本大大降低了，而体验却大大提升，"买方"与"卖方"在交易的过程中都能收益。

☀ 共享出行方式让资源配置环保化

嘀嗒拼车基于顺路的原则，让用户与车主之间实现最大程度上的匹配，从而使得资源配置最优化，让出行朝着"共享性"发展。

嘀嗒拼车 APP*

从用户的体验效果来看，嘀嗒拼车的关注重点不在车型，而是是否顺路，这点尤为重要。从现在的运行效果上来看，嘀嗒拼车与其他用车软件相比，它能更大范围的解决用户的需求，这是因为顺路拼车不在乎用户的出行时间，它只与人和车有关系。任何时候，任何地点都有顺路的人和车，而嘀嗒拼车只需要负责把任何时段的匹配效率做到最高。

嘀嗒拼车把最重要的资源最优化，自然会受到用户的青睐。它以最低的价格给用户带去最佳的体验，对车主来说，接单率也是最高的，是所有拼车软件中顺路订单最多的。

由此可以看出，传统行业与资源的"对抗性"关系正在被共享经济中

＊ 图片来源：苹果网

资源最优化模式取代。共享经济给予消费者最大的主动权，并同资源最优化进行有效结合。在未来资源紧缺的形势下，共享经济以其将资源最优化的优势，必将得到广大消费者的青睐，而嘀嗒拼车作为共享经济的典型代表，将在可以预见的未来颠覆传统市场。

✳ "免费搭车"挑战"顺风车"

2014 年初，北京市交通委员会关于北京市小客车合乘出行的意见中，对小客车合乘做出一系列相关规定。从政策层面，对合乘式的拼车和顺风车模式给予了明确的指导，虽然合法合乘在全国性的法规政策中尚待建立，但从决策层和舆论的角度，大家均表示支持，至于在合乘中可能遇到的意外等安全问题，则可通过商业保险来解决。

就在滴滴顺风车上线前一周，易到用车便站出来想与滴滴一决雌雄，于是推出了全免费模式——"免费搭车"，很显然，易到用车想利用全免费模式与滴滴顺风车的有偿拼车模式一决高下。

易道用车在推出"免费搭车"仅仅一周，订单量就已经达 20 万。这无疑给 6 月 1 日上线的滴滴顺风车设置了一个大障碍，毕竟，消费者更倾心于全免费消费模式。

在易道用车"免费搭车"模式的驱动下，滴滴也不会坐以待毙，在初期，滴滴通过大量代金券和补贴与之相斗，这对于这段时间经常出行的用户来说绝对是一个好消息。

用户在这种免费或接近免费的拼车条件下，会更愿意选择拼车司机的服务，相应的，司机所载顾客的数量增多，耗油量也增多。为了降低拼车所带来的风险，拼车平台应提供一部分油费和保险补贴，尽可能的保证拼车司机在经济上和法律上得到保护。同样，为方便用户选择拼车司机，司机的驾龄和以往的违章、事故记录都是利用大数据向搭车者公开透明的。

至于具体的做法有很多种，比如，让享受拼车服务的乘客通过广告展示几秒后再下拼车订单。更有效的办法还需要在不断尝试和探索中总结出来。

顺风车运力存疑，专车仍是重点

当共享经济为众人熟知时，人们更多时候会选择拼车，自然地，拼车会增加一部分运力，而这部分运力的规模和人们对这部分运力的体验如何还有待进一步验证。在高峰时期，还是需要专车来解决出行困难，它同样是叫车软件公司未来主要的利润共享者。

现在，对于专车模式的争议主要在于私家车能否成为专车。运输管理部门对专车运营提出了合理意见，明确提出私家车不能成为专车，但具有运营资质的租车公司可进行专车预约服务。但是现在，合法的租赁公司和私家车二者均可提供专车服务。

神州专车便是一个典型的例子，由神州租车公司提供车辆，由正式员工担任专车司机，实行规范化的专车服务。在价格上，神州专车要比出租车偏贵，但是，它所形成的价格阶梯，让人们可以根据自己的需求享受不一样的服务。高质高价的服务给高端消费者带去持久的吸引力。但是这种重资产的模式，其最大的缺点就是不能迅速扩大规模。相比之下，易到用车更容易壮大规模，它通过与海尔产业金融合作，在体外成立海易出行，在合规性的同时，解决了扩大规模所需要的资金，还没有把自身做成重资产模式。

Uber作为另一类专车的代表，大多都是私家车，在巨额补贴下，Uber的气势也膨胀起来。我在之前乘过几次Uber，体验很好，司机都是在业余时间拉活的，他们在服务上虽然不是很专业，但是车辆档次高、司机也很幽默风趣，再加上朋友分享的优惠码，价格上相比于传统的专车还是蛮实惠的。但是，随着Uber的扩大，开Uber的司机包含各种各样的人群，素质的差异形成了很多不良风气，而投诉机制的不健全，无法保障用户的权益，从而，人们对 Uber 的体验随之下降。

为了与 Uber 对战，滴滴快车在北京推出了每公里只需 1．5 元的快车服务，这价格比出租车还要划算，这让人们感觉仿佛一夜之间回到了十年前夏利出租车每公里 1．2 元的年代。

作为一个消费者，我更喜欢 Uber 和快车，但是，经产业观察者分析，我对它们的处境却十分担忧，它们对传统市场规则的破坏过于强大，而本身又存在着漏洞，所以，在进一步发展过程中，它们必然受到平衡和制约。

从供给方面来看，越来越多的私家车参与 Uber 和快车服务，供给多了之后，车主的生意自然受到影响。现在已经有很多私家车车主因为开专车赚钱太少而退出，仅依靠高峰期的补贴，短时间内效果显著，但这不是长久之计。

广州和成都办事处对 Uber 查处后，大多数的消费者仍然相信 Uber，因为在用户看来，这是利用行政手段对互联网创新的一种干预。但是，随着 Uber 车辆的增多，运营过程中如果出现交通事故造成人员伤亡或者发生司机对乘客性骚扰之类的恶性事件，那么，对于私家车作为专车的运营监督管理肯定会加大力度。在我看来，滴滴快车就是一个极富杀伤力的战术性产品，它是为在短期内遏制 Uber 而出现的，监管标准一旦发生改变，快车很有可能面临淘汰。

专车和拼车作为共享经济的典范，应该得到支持和鼓励。在发展过程中如果遇到困难，可以通过政策引导尽可能避免问题的发生。至于符合规范的专车数量较少的问题，主管部门可以利用新能源租赁汽车来增加合规数量。

之前的叫车软件就有尝试利用新能源车，其价格低廉，无尾气排放，受到广大消费者的青睐，所以，在未来应该让更多的新能源车加入。对于想购买纯电动私家车的车主，在满足每年提供拼车服务的次数的前提下，可享受全额补贴，也只有这样，共享经济才能受惠于每一位用户。

第二节　拼车模式 VS 市场细分：
抓住用户需求，抢摊垂直细分领域

　　打车与专车的战场还硝烟弥漫未见结果之时，许多人开始选择了"拼车"的方式出行，庞大的需求市场这些相关领域的公司自然不会放过。2015 年 4 月 2 日，快的打车推出了自己进军拼车领域的产品"一号快车"，不久后滴滴打车推出了"顺风车"，加上之前就存在的拼车软件，目前消费者可选的应用就有 8 种左右。

　　公交车、专车、拼车、出租车地铁等，这些出行方式使人们的出行更加多元化，这个市场的竞争程度也愈演愈烈，最近有部分人士透漏出百度已经投资51用车，出行细分领域的战场被这些巨头加入后引发了同行业的激烈厮杀。

❋ 一对一：市场调节之后的"真需求"

传统的拼车起源于出行时人们的"拼座"，拼车的市场其实已经在很早之前就已经存在。在首都北京，这一需求的巅峰时期就是员工上下班时间，一些为拼车专门建立的QQ群，还有58同城上充斥着拼车的帖子，一时间"燕郊拼车"成了北京特有的代名词。

创业者们总是很善于利用自己对商机的把握进行一些尝试，这些拼车现象同样吸引了一些敢于尝试的创业者，只不过他们一开始尝试的可能不是如今占据主流地位的"一对一"拼车模式，例如：嘀嗒拼车与51用车创始人开始尝试拼车领域的时候均是从"多人拼车"模式起步的。

"多人拼车"模式是由需求者在手机客户端上发布需求，然后通过时间、地点等筛选适合自己搭乘的车辆，当时的模式是按照人次收取座位费，51用车的CEO李华兵在早期曾经创办过类似"同城社区拼车"的"哈哈拼车"，该应用就是采用多人拼车模式，当时的价格一般在每人5到15元之间。

在当下的拼车软件中提供的大都为"一对一"拼车服务，一些乘客曾表示：对于多人拼车有些难以接受。但是目前流行的虽然是"一对一"的拼车模式，但在车主的数量形成一定规模之后，出行路线的选择与使用场景的增加，"多人拼车"可以得到主流的认可。

一些拼车企业曾经公开过"一对一"拼车模式的应答率数据，通过对其进行总结发现：用户下订单的主要时间一般在上下班的时间，主流的使用人群则是上班的白领一族，由于一些交通状况的原因早上的应答率会比较低，但是这些拼车软件的应答率基本在80%上下浮动，而滴滴打车的应答率甚至可以到达 95%。

但是在这种共享经济的拼车模式下，车主不会是同私家车一样处于 24 小时待命状态，应答率也不能达到出租车或者专车的水平，在时间上可能会出现延误。

☀ 抢夺车主

注册的私家车主在这个出行共享经济领域成了战略资源，各大软件通过各种措施对其进行抢夺。这些车主也有自己的工作，他们在上下班的路上能够结识一些各行各业的朋友，还能分担自己一部分的费用，轻松愉快的上下班的方式谁又会去拒绝呢？

拼车软件商们开发的多种应用也使得这些车主有了多元化的选择，一些车主的手机上甚至装上了多款拼车软件。另外他们与这些软件公司不存在正式的雇佣关系，更没有责任感与忠诚度可言，因此他们存在着多元化的选择。

车主的规模是影响平台的应答率以及产品的用户体验的最为核心的要素。目前的几家拼车软件公司的数据反映了车主的规模通常在 20 万 ~ 30 万之间，但是这些数据中的车主通常会在多个平台之间被重复统计，令软件商们最为头痛的问题就是——如何才能留住这些车主使他们只在自家平台上呢？

微微拼车给出了一种模式：培养平台的种子用户并且借助于互联网技术为车主的行车路线进行优化。目前的主流的拼车应用软件都在采用这种方式，当然，这些软件商们也不是千篇一律，如果你打开这些 APP 应用你会发现在上面还有一些关于车的维修保养的一些打折活动。还有一些公司会为这些积极活跃的车主专门组建一个交流群，经常进行一些线下活动来增进感情。

但是更为重要的还是要提高路线优化的质量，效率往往是车主们选择平台的重点。时下的拼车软件提供的虽然都是基于百度地图的 LBS 技术服务，但是支撑其运行的算法还是有所区别的。

嘀嗒拼车除了最基本的上下班预约，还提供"附近订单"特色模块，它会向车主提供最近两小时内，附近的用户所发出的拼车需求信息，包括：时间与路线等，车主通过筛选这些信息可选择适合自己的时间及路线来进行匹配。一些软件商还会为车主及拼车的用户在订单成交后免费提供一份价值几十万元的保险。

☀ 拼车服务能否标准化

拼车在共享经济模式的带动下已经成为了人们的一种出行方式，而且在不断的朝着主流的出行方式在迈进。当前的"一对一"的主流拼车模式更像是一种"半专车"模式，而且由于它的社交化的运行方式，拼车双方显得更加平等。但是这背后所需要的是实现这种拼车服务的标准化，怎样去约束这些相对责任要多一些的车主的行为。

拼车也不一定都是在轻松愉快的氛围下完成的，软件商们除了要筛选车主，还要从另一些方面提高乘客的安全性。微微拼车计划对车主进行一些专业的培训，引导他们如何为乘客提供优质化服务，承担起自己的责任，尽量规避一些不文明、不道德行为的发生。

嘀嗒拼车将会全程监控车主所进行的第一次拼车，在行程结束之后会有客服人员进行电话回访，并且还会对车主的特点进行标注，可以满足一些用户个性化需求。

另外应用比较广泛的方式是 UGC 的评价系统与投诉方式，该方式实行基于用户评价的末位淘汰机制，双方虽然是相对平等的状态，但还是更倾向于使收费的车主能够尽更多的责任。一些时候拼车所特有的社交机制使得拼车的正常沟通与过度沟通的界限经常被逾越，这是所有拼车软件商所应该着重解决的问题。

虽然拼车的订单成交之后都会有相应的保险来保障安全问题，还有相应的车主筛选流程来进行控制，但是总是避免不了黑车司机的存在，目前的这几款拼车软件都有黑车车主的身影。仔细观察他们可以知道这类人接单频繁，也不会顾及就近原则，一些补贴高的单子往往是这类人的首选。拼车软件对此采取的主要措施是限制接单次数，避免一些黑车车主在其中获取非法利益。

黑车还有着一些让拼车用户难以接受的弊端，比如：服务体验差、质量不能保证等。这些黑车车主为了追求利润的最大化，往往用一些低价位的车辆，提供给用户的车辆信息也是含糊其辞。一些软件商通过控制车型来减少黑车车主，还有一些软件商利用消费者的评价与投诉等反馈信息来遏制黑车车主。

☀ 拼车领域距疯狂补贴还有多远

专车领域上，滴滴与快的烧钱补贴之战是这些拼车市场领域的公司所不想再卷入的漩涡，但是如今的拼车领域却正是在走烧钱补贴之路。

不只是乘客的首单可以享受减免0．5元的优惠，车主的优惠往往会更加充足，嘀嗒拼车对每天的前四单进行补贴10元的优惠，车主的绕路也会享受到补贴。

滴滴在拼车补贴战场更是"大手笔"：新注册的车主可以享受到50元的回馈，首单完成后还赠送100元，向其他车主推荐还可得到20元。其它的软件商也不甘落后，也推出自己的补贴政策，金额在十几元到二十多元之间。

微微拼车的蒲繁强对这种现象表达了自己的观点：拼车和专车不同，拼车满足的是一种兴趣与刚性需求。但是如今这个行业的这种发展趋势就是如此，微微拼车目前也正在主动和Uber、滴滴等该领域的巨头进行磋商。

第三节 P2P 租车：
去中心化时代，共享经济颠覆传统汽车租赁模式

被誉为"互联网革命最伟大的思考者"的克莱·舍基在《人人时代无组织的组织力量》一书中分析了在人人时代，在线众包和外包如何基于这种短期、临时、当下的组合而发展。

他在书中写道："在你所属的社会群体中，如果每个人都在网上，你就可以确定使用在线工具协调此一群人的社会和商业生活。"但正如克莱·舍基所说，目前各行各业都在积极探索人人社会的生存之道。

汽车行业的协同共享以 P2P 租车为代表，通过互

联网将闲置的汽车连接起来，为有需求的用户提供服务。PP租车、宝驾租车、友友租车等租车公司借互联网的东风和国外的成功案例发展起来，并在短时间内获得上千万美元的融资，抢占汽车市场资源，对传统的汽车租赁公司如"一嗨租车""神州租车"等构成威胁。

P2P租车采用类似于快的、滴滴、易到等发展模式，投入大量的资金以确保抢夺更多的用户。2014年11月4日，PP租车成功融资6000万美元，为13亿人提供免费的租车服务，并且对首次租车的注册用户奖励200元的红包。与PP租车相同的是，宝驾租车也向租车用户发放红包，以争夺用户资源。

新兴的P2P租车服务公司以其规模小、资金少在商业市场中杀出一条新路，以高速发展速度和利润水平备受瞩目。与传统汽车租赁公司相比，P2P汽车租赁服务公司不需在汽车的维护、保养上耗资，同时还可以通过外包获得额外收入，但是只要收入还是来源于为客户服务。可以预见，当前阶段P2P汽车服务公司的补贴战只是预热，更激烈的市场争夺战还在后头。

P2P汽车服务公司的理念就是利用互联网将闲置的汽车资源联接起来，为有需求的客户提供服务，从中赚取利润。目前，众多的企业采取在线众包和外包模式，充分发挥资源的潜在价值，提高配置率。

移动互联网时代，每个人都可能成为社群领袖，"互联网+"的模式渗透到各行各业，一度出现"去中心化""参与感""大规模业余化"等言论，甚至大肆宣传，走进管理的误区，那么P2P汽车租赁服务是否也面临相同的困境？

在书中，克莱·舍基驳斥了人们对"去中心化"的谬误，认为无组织的组织是个体从自我的状态解除出来，发挥其潜在的价值，分别进行共享、合作和集体行动：

★第一步：共享经济，群体成员的自我需求是前提。

以 P2P 租车服务为例，车主的大部分时间其汽车都处于闲置状态，因此，车主就会想通过汽车租赁服务平台把汽车租出去，赚取额外的收入；而客户也会有急需用车的时候，在汽车租赁服务平台发布自己的需求，寻找可租用的汽车，于是车主和客户一拍即合。车主通过租车每月可获得 3000 多元的额外收入，可抵去保养、维修汽车所花的费用。显而易见，P2P 的去中心化更为明显，有着利益和直接需求的双重驱动。

★第二步：社群经济，群体成员在共同利益诉求的基础上，催生进一步的合作需求。

群体经济要比共享经济复杂得多，它不是 PC 时代的社区形态，更多的是个人价值的发挥。PP 租车在成立之初，以社区的概念作为宣传手段，致力于邻里之间的互助，资源共享。其实，这已经是社群经济的雏形，通过 PP 租赁服务平台，将陌生人关系转为朋友关系，每个人都能在这个社群里发挥自己的价值，同时也满足自我需求。

★第三步：集体行动，意味着去中心化，群体成员自发的共享资源，分工合作，最大限度的发挥个体的潜力，创造价值。

目前，这一阶段还处于构想阶段，还有很大的发展空间。几乎所有的租赁服务平台都担当着去中心化的角色，通过互联网技术实时匹配供应者和消费者。例如，PP 租车、宝驾租车等汽车租赁服务平台就是通过 LBS 随机匹配车主和租车用户。平台在交易的过程中充当连接双方的媒介，通过管理数据，制定规则，维护交易市场秩序。

从共享、合作和集体行动三个阶段可以看出，P2P 租车服务自诞生之际就具备社群经济的雏形，也具备去中心化的生态秩序，但是，为什么 P2P 优势众多却依旧备受怀疑呢？

监管部门通常会注意宣传手段过于高调的打车软件，而目前 P2P 租车也面临着风险和服务两方面问题。在风险方面，租车用户信息造假，造成车主财务损失，需要 P2P 租车公司制定相关的赔偿措施；在服务方面，车主和租车用户缺乏一个安全有序的交易环境，无组织性造成车主和租客双方的利益难以同时维护，从而导致无法确保为租客提供满意的服务。

商务租车的兴起冲击了传统的出租车市场，于是出组车司机便以争夺客户资源为由，对商务租车联合打压。由事物发展的规律看，新兴事物在发展之初总要受到旧事物的打压、阻碍，但辩证的看，这也是一件好事，生物界的"物竞天择，适者生存"的法则同样适用于汽车领域，市场机制会淘汰一批落后的汽车出租模式，生存下来的则更适合互联网时代的需求。

克莱·舍基在《人人时代无组织的组织力量》一书中论述了在集体行动阶段，平台方的价值就在于为车主和租客制定交易规则，降低双方的风险，提供有序的交易环境。那么 P2P 租车平台是如何维持生态秩序呢？能否同时消除风险和满足用户需求？这些问题使以 PP 租车为首的 P2P 租车平台开始采取措施。

P2P 租车平台首先要做的就是确保用户信息的真实性。由于新注册用户缺乏信用记录和评价等数据，为降低风险，P2P 租车平台使每一个新注册的用户实名登记，并审核身份证、驾驶证、银行卡等相关信息。随后，风险性会随着用户信用记录和用户评价的产生而减少。

各大租车平台为了抢夺市场资源，在后端保障工作的支持下，使出浑身解数，采用各种手段，展开补贴大战。例如，宝驾租车打出"0 丢失率"的广告，但是即使是严格审核用户身份，还是会存在一定的风险，连在租车行业经营多年的神舟租车也无法保证提供零风险服务。

目前，P2P 租车行业已面临发展的困境，用户对 P2P 租车的信任度下降，P2P 租车需在保障用户权益上采取措施，建立赔偿机制。如，租车公司建立机制，协调租客和车主之间的矛盾，必要时，租车公司提供维修、保养、赔款等服务。此外，发生重大交通事故，企业负责更换新车，并以较低价格出租汽车。

与此同时，P2P租车加强安保措施以减少租客和车主的损失。在交通事故中，P2P租车公司会对损失方采取经济赔偿，以此维护车主和租客双方的权益。有人认为，任何人都可以进入P2P行业，以至于大量的投机者涌入P2P市场，搅乱市场秩序，危害参与者的利益。虽然在安保机制还不健全的情况下，投机者可以获取一定的利益，但随着市场机制的完善，他们必定被市场丢弃。

互联网预言帝、硅谷精神教父凯文·凯利在创新与颠覆的演讲中谈到："在未来的20~30年，去中心化是未来的不二法门，传统企业是线性增长，创新企业是指数增长，传统企业是自己完善产品，创新企业的产品由客户来完善。"显而易见，P2P租车正是根据用户的需求不断完善自己的产品，用"去中心化"来维护生态秩序，随着互联网的发展，这种经营模式将会产生巨大的经济效益。

美国作家杰里米·里夫金在《零边际成本社会》一书中探讨了协同共享等概念。随着互联网的发展，交换经济时代对产品的拥有权逐渐向使用权转型。

2014年一项对18~24岁驾驶者的调查显示，46%的人表示，相比于拥有汽车他们更愿意共享汽车，协同共享深受"千禧一代"的欢迎。在美国，汽车共享俱乐部拥有数百万的成员，他们享受共享经济带来的便捷服务，产品拥有权将随着互联网的发展成为历史，取而代之的是共享经济下的使用权。

继P2P租车补贴砸出亿万市场之后，未来的租车行业必将掀起一场P2P租车与传统汽车租赁公司的大战，它们会成为竞争对手还是合作伙伴，要看市场的选择。

第四节 "共享经济 + P2P 租车"模式三要素：
需求方 + 监管方 + 运营方

自 2014 年起，共享经济行业的发展态势就成为大众普遍关注的焦点，共享协同共享的理念以迅雷不及掩耳之势席卷各个行业，并在 2015 年春节之际在 P2P 租车领域掀起一阵狂潮，PP 租车在年终发起"万台肾6 找车主"活动，车主只要在春节期间出车 10 天以上，就有机会获得 iPhone 6。

但是在 PP 租车发起活动后不久，网上就出现了"PP 租车春节大型营销活动的漏洞"的谣言，引起了广州日报、新民周刊、中国周刊等传统媒体以及微博大 V 的质疑，PP 租车面临前所未有的公关危机。面对网友们的责难，PP 租车该如何应对？

2015 年 1 月 31 日，PP 租车官方微博针对大众的质疑做出回应。声明 PP 租车对可能出现的作弊情况进行了规避，并且所有参与活动的出租车都采取自动接单。随后 PP 租车创始人王嘉明转发微博，承诺活动会继续进行，并按规则为车主颁发奖品。由此看来，所谓的"PP 租车春节大型营销活动的漏洞"只是个别用户自己猜测而已，企图投机取巧，获取利益。

PP 租车成功化解公关危机，重获用户的信任，"万台肾 6 找车主"的活动并没有因为谣言而停止举办，反而谣言为这场活动造势，扩大"万台肾 6 找车主"活动的影响力。据了解，PP 租车花费上亿资本举办这次活动。那么，作为一家初创型企业是以什么样的目的，策划了一场耗资上亿的营销活动？

PP 租车官方微博从正面回应大众对活动的质疑，此外，还表示："此次'万台肾 6 找车主'的活动目的是切切实实的想为信任 PP 租车平台的车主送上一份新春礼物，也为春节用车难的租客提供更多的便利。"PP 租车借官方声明表明，除了继续保持在租车行业的领袖地位之外，还热衷于回馈广大新老客户，提高他们对 PP 租车的信任度。

PP 租车之所以成为亚洲 P2P 租车行业的先行者，发展成为亚洲较大的 P2P 租车服务公司，关键在于它积极借鉴国外成功的 P2P 租车案例，实现租车行业的"共享经济"，充分发挥闲置汽车的价值，优化资源配置，为有需求的用户提供服务，激发社会的经济价值和社会价值。因此，PP 租车的春节营销活动就是使车主和租客的日常生活场景无限延伸，解决春节期间一车难求的问题。

杰里米·里夫金在《零边际成本社会》一书中写道，"产消者"以零边际成本在互联网上共享信息、娱乐、教育、绿色能源和 3D 打印产品。

同时也通过专业的服务平台共享汽车、房屋、服装等物品，挖掘闲置物品的最大价值，满足用户的需求。

在书中，杰里米·里夫金同时也强调要平衡社会资本和金融资本两者的关系。在信息化时代，所有权逐渐让位于使用权导致消费主义衰落，可持续性发展成为时代的主题，合作关系取代竞争关系，共享经济进入人们视野。2015 年，英国政府决定"把英国打造成共享经济的全球中心"，并从宏观层面颁布规章制度予以支持。

由此可见，共享经济已渗透到各行各业，与社会进步密切相连，将是互联网现实经济的放大器。从大众寻找 PP 租车春节大型营销活动就可以看出，共享经济的发展过程中充满了地域特色和社会特色。

"共享经济 + P2P 租车"模式三要素

因此，PP 租车要实现中国人日常生活场景的延伸，需要与需求方、监管方和运营方达成共识。

需求方信任

需求方信任是实现共享经济的基础和前提。在 P2P 租车行业，租客的需求是其运营发展的驱动力。据国家统计局数据显示，至 2014 年末我国民用汽车保有量已高达 15447 万辆，出现交通堵塞、环境污染等社会问题。这些车辆只有上下班高峰才被利用起来，其余时间都在闲置。汽车资源的闲置让一些租车公司看到租车市场的大片空白，于是推出将车主和租客联系起来的租赁平台。

但是平台方还面临着一个亟需解决的问题，即信任度。车主和租客如何对平台产生信任度，通过平台优化资源配置，实现双赢。但是，用户如何通过平台维护自己的权益又成为困扰 P2P 平台的一个难题。

2015 年 1 月，PP 租车的创始人王嘉明高调公开自己的电话及微信，并推出三个安全承诺：全额赔付 0 麻烦、重大事故换新车、安全可靠有保障。

目前，PP 租车的保障机制已领先行业水平。在信用方面，PP 租车建立车主和租客互评机制，确保平台上都是信誉高的用户；在安全方面，安装"PP 智能盒"实时定位监控，还可以自动开关门和计算里程，PP 租车还为用户提供 100 万保额；在赔偿机制方面，一旦出现交通事故，"PP 智能盒"自动报警，此外，车主和租客的经济损失由 PP 租车赔偿。即使是春节期间，用户也享有 50 万的意外保险。通过建立机制，增加 PP 租车在用户心中的信任度。

☀ 监管方放宽

2014 年 8 月，北京交通委在解读《北京市汽车租赁管理办法》的内容中，对 P2P 汽车租赁服务模式予以大力支持，认为"汽车共享相对于自驾车，可以有效解决停车位不足、交通阻塞及二氧化碳和汽车尾气的排放等问题，是值得提倡的绿色交通模式。通过实施'汽车共享'，汽车租赁与其他出行方式可以有效结合，从而形成满足'高质量'出行需求的城市交通体系，提高市民出行效率。"

由此可见，P2P 租车模式可在一定程度上缓解北上广等一线城市的交通堵塞问题，方便人们出行，优化配置闲置资源。在未来，政府必将针对 P2P 租车模式出台专门的行政法规。

运营方强势

2012 年 10 月 PP 租车成立于新加坡，2013 年 10 正式在中国上线运营，经过不到两年的发展，PP 租车已取得了显著成就，成为 P2P 租车行业的领导者。截至 2015 年 3 月，PP 租车已拥有 40 万注册车辆，可为全国 16 个主要城市提供租赁服务，且月均交易订单以 50% 的速度增长。

一个具有公信力的平台将得到车主和租客双方的认可，挖掘闲置资源的价值，优化资源配置，完成对人们日常生活场景的延伸。2014 年 11 月，PP 租车完成 B 轮融资，总额高达 6000 万美元，超过 P2P 租车平台的总和，获得了坚实的经济支持。

众所周知，信息在移动互联网时代的传输速度更快，互联网打破了地域的限制，将世界各地的人联系在一起，提高资源配置的效率。随着需求方、监管方和运营方的通力合作，P2P 租车必将会在 2015 年迸发新的活力。

第五节　PP 租车 VS 神州租车：
"私家车争夺战" 背后的运营模式对比

　　神州租车公司的 P2P 租车于 2015 年 3 月正式投入运营。该公司加入 P2P 租车的大潮，可以显示出人们对这种方式会出现法律问题的担心没有之前那样严重了，也显示出神州公司相信 P2P 租车能够给他们带来效益。

　　到 2015 年，加入 P2P 租车队伍的有像宝驾租车、友友租车以及 PP 租车这样的新兴产业，通过 P2P 平台将私家车应用到租车领域，而神州租车属于传统企业，它的加入被看作是该行业采取的重大举措，也会使 P2P 租车领域的竞争变得愈加激烈。

神州租车拥有雄厚的发展基础，它运用 P2P 租车模式给一些新兴产业带来巨大的压力，应该怎样应对呢？也许 PP 租车所采取的举动能够让自己在竞争中存活下来。

专车政策变局：P2P 租车市场空间更大

现实情况是，相关部门表示对专车模式的支持后，一部分私家车车主撤出专车公司，加入到 P2P 租车中来。

除了政策方面的作用，从本质上讲，P2P 模式可以充分利用闲置的车辆资源。举个例子，每逢传统节假日，有许多车主会选择回老家，他们在这段时间内不会使用自己的车辆，而且在不过节的时候，也有相当一部分的私家车没有得到利用。

据我国汽车工业协会的内部管理人员表示，2025 年至 2030 年我国拥有驾照的人数能够达到 10 亿，根据他们的统计结果，我国在 2013 年的民用汽车数量约为 1.27 亿辆，之后的 7 年时间内，这个数量会上升到 2 亿。

虽然拥有驾驶资格的人数达到 10 亿，但真正拥有自己车辆的人不到 1/5，没有私家车的人占大部分，一部分原因是限制路车资源的扩张，这显示出人们对车辆的需求日益明显，正式因为这样，P2P 租车业务有了巨大的发展空间。

P2P 租车，就是拥有私家车的车主通过 P2P 平台将自己的车辆租出去，而需要开车出行的用户能够在手机应用程序上搜寻到合适的车辆资源。

从本质上讲，P2P 租车业务就是通过互联网平台，在可用的车辆资源和有需求的顾客之间构建起互动的渠道，缓解在车辆方面的供不应求的局面。私家车车主能够通过出租车辆增加收入，而用户则能够通过较低的费用消耗来满足自己的需求。

罗兰贝格咨询公司的统计结果显示，我国的短租自驾市场自 2015 年到 2020 年的增长比重大约为 27%/年，自 2015 年后的三年期间市场份额会增加到 183 亿元。根据其统计，我国的移动应用领域在 2015 年的市场份额为 380 亿，互联网出行会成为移动应用的重要组成部分。

而且，在之前有很多私家车主是通过专车平台来开展自身业务的，之后，会有相当一部分的私家车主转入 P2P 租车业务中。

☀ 轻资产还是重资产

神州租车没有加入 P2P 租车业务前，在该领域排名比较靠前的有友友租车、宝驾租车、凹凸租车和 PP 租车，这四个企业在 2014 年的融资中都是比较成功的。

2012 年 10 月，PP 租车在新加坡落成，该公司将中国市场的发展作为一个重要战略，一年后，PP 租车叩响了中国市场的大门。很多企业都认为 P2P 租车业务的前景广阔，也正是因为这样，PP 租车在 2013 年与红杉公司合作成功，得到 1000 万元的资本投入，到 2014 年，在 B 轮融资中得到了晨兴资本、IDG、红杉资本、清流资本、明示资本等的投资，资金规模达六千万。

不过从本质上来说，一些新兴租车企业，比如 PP 租车与那些比较传统的租车公司比如神州租车是有根本上的区别的，因为 PP 租车不是内部提供服务车辆，也不需要在租赁车辆上消耗成本，也就是说，PP 租车是彻底的轻资产实践方式。

与之形成鲜明的对比的是神州租车，他们自己的车辆资源达到 13 万辆，是重资产实践方式。陆正耀是神州租车的董事长，他曾经表示，运用 P2P 租车模式可以为神州租车的发展带来更多活力，因为神州租车拥有强大的品牌作用，技术有保证，管理比较规范，这些都是其优势方面，能够满足客户的多样化需求，发展长期客户，也能扩大车队规模。

纵使 P2P 业务不是神州租车的主要业务，但它的加入确实给其他商家带来压力。虽然说重资产模式在一定程度上是其优势方面，在应用 P2P 租车方式中能够根据客户的特点来满足他们的多样化需求呢？

从根本上来说，在为用户提供 P2P 租车服务时，要抓住价格灵活和方便快捷两个关键点。另外，传统租车公司在为用户提供服务时要经过很多中间环节，例如，为了满足用户在车型方面的要求，要出示司机的驾驶证、身份证及房产证，还要在拿车之前交一部分押金，所以效率会相对低一些，客户通常要等至少半个小时才能坐上车。

传统租车公司为了提高自己的竞争力并在发展中进行扩展会扩大内部的车队规模，PP 租车等新兴企业为了达到自己的目的会加大平台建设的投入，与传统租车公司相比，既能够节省用户的时间消耗，也能降低价格成本。

对消费者来说，他们最关注的是出行方式是否在便捷度和价格方面具有优势，如果某租车公司的价格偏高，中间消耗的时间又多，那客户自然不会满意。

将 PP 租车与神州租车的业绩成果相比较进行分析，2013 年，神州租车的交易规模为 27 亿，有 81.7% 的交易额来源于租车业务。假如 PP 租车的租车业务与神州租车在 2013 年的租车业务的交易水平差不多，那么 PP 租车在 2015 年的交易规模会超过 22 亿元，也就是说，PP 租车只要用神州租车一半的时间就能够达到与其同样的效果。

☀ PP 租车的激进三步曲

应当采取怎样的措施来应对神州租车带来的压力呢？对此，PP 租车自 2014 年以来就实行了以下策略：

对私家车车主进行资格认证

满足客户的个性化需求

加强与其他商家的合作

PP 租车的激进三步曲

（1）对加入到 PP 出租平台的私家车车主，该企业会进行资格认证。

当专门人员找到车主本人进行过信息核实之后才能够同意车主在平台上发布租车信息，对于那些信息与本人不符的车主，公司会拒绝与其合作。

在审核完毕之后，公司会在可以提供租车服务的车辆里面装上专业的智能设备。该设备具有两个功能，既能够为司机提供导航服务，又能作为一个智能钥匙。司机在出车时可以将手机与该设备相连，这样就能操作手机来开关车门。

据 PP 租车公司的内部管理人员所说，PP 租车是 P2P 租车领域中率先使用此项技术的企业。这是因为 PP 租车是第一批尝试 P2P 租车模式的，它的发展规模、资金数量和技术水平都能够在竞争中独胜一筹，公司中的员工多数都具备丰富的专业知识。

（2）满足客户的个性化需求，并减少运营风险。

PP 租车联手中国人保，推出了相关保险，这样就能减少私家车主担心会在运营中出现侵权的现象，笔者上一次亲身体验 PP 租车是在 2014 年，在车里，当谈到保险时，司机拿给我他的验车单，上面明确地显示中国人保的租车保险达到一百万，这在之前的 P2P 租车领域是没有过的。发生意外情况时，会根据相关规定进行处理。

一部分司机之所以愿意把自己的车租出去，开始只是为了想从中多得一点收益，后来他渐渐地不再只是出于这个目的去租车，因为通过租车，他与很多附近的用户成为了关系比较好的朋友，这是他之前没有想到的。

（3）加强与其他商家的合作。

到 2014 年下半年，PP 租车于多个商家达成合作关系，包括如家、高德地图等等。据 PP 租车的管理层人士表示，企业之所以这样做，想要达到的目标都是让用户对自己提供的服务更加满意，满足他们的需求。到 2015 年，PP 租车内部的重要部门比如研发部门、推广部门中在 BAT 公司中工作过的人接近七成，所以其员工能够很快掌握用户的需求。

PP 租车业务自诞生以来不断拓展规模，到 2015 年涵盖了我国 16 个一线城市。在 2015 至 2016 年，PP 租车将二、三线城市作为其主要目标，该企业的创始人规划一年内覆盖 30~60 个城市。

到 2015 年 3 月，已经有 50 万车辆入住 PP 租车平台，增长幅度特别大，PP 租车接收的订单数量增长速度也特别快，环比增长比重达到五成。根据一嗨租车的统计结果，2014 年有超过 16419 辆车可以提供服务，到 2014 年 2 月中旬，PP 租车在春节期间接收的订单数量已经超过 16419，其内部管理层指出，有 95% 的 P2P 租车市场是被 PP 租车夺走的。

大规模的资产并不是 P2P 租车得以运营的依靠，纵然神州租车的加入带来了压力，但 PP 租车也具有自己的优势，它是我国率先将 P2P 模式运用到经营过程中的企业，其内部管理层表示，PP 租车不会懈怠自己，只有清楚地认识到自己所处的形式才能时刻警醒自己保持竞争优势，取得更大的发展。

第六节　Uber 的 O2O 租车模式：
群雄逐鹿时代，Uber 的本土化实践

　　于 2009 年成立的移动出租车应用 Uber，是移动互联网时代旅游 O2O 及共享经济的典型代表。2014年 6 月，Uber 融资金额达 170 亿美元。2014 年 11 月份，Uber 已经接近完成新一轮 10 亿美元以上的融资，估计会达到 350 亿至 400 亿美元，是 2014 年 6 月份的 1 倍，创下美国初创科技企业融资额度的新高。

　　已经上市的 Twitter（推特）市值约为 216 亿美元，但估计，还未上市的 Uber 的市值为 Twitter 的 1.5倍还多。现在 Uber 将业务推向全球六个大洲和 200 多

个城市，据美国知名的博客媒体——Business Insider 报道：Uber 在 2015 年有望达到 100 亿美元的年收益额，净收益达到 20 亿美元。

2014 年年初，Uber 以中文名"优步"，接入支付宝，宣布正式进入中国。在这之前，已经在上海、深圳、广州试运营，目前已经扩展到北京、杭州、武汉等 7 个城市。

Uber 作为一个有全球视野的企业，对中国市场蓄谋已久。在中国本土，尽管 Uber 会面临着与滴滴打车、快的、易到用车的激烈竞争，但是，Uber 的 CEO（特拉维斯·卡兰尼克）却表现出足够的信心与坚决的意志。当 Uber 扩展到北京时，其 CEO 亲自站台宣布，可见 Uber 对中国市场的极其重视。

Uber 的平面广告*

Uber 在中国市场的勃勃野心从其在许多城市大规模的招聘计划也可以看出。2014 年 7 月，Uber 在多个城市安排了"运营及后勤"、"总经理"等职位，包括北京、天津、青岛、南京、上海、苏州、杭州、宁波、重庆、武汉、深圳、广州等。

---

　*　图片来源：虎嗅网

中国的租车市场竞争异常的激烈，无论是巨头撑腰的快的、滴滴、易到，还是大租车市场中的一嗨、宝架、至尊，它们都不甘示弱。此外，中国政府对这个市场实行严格的监管。那么，为什么 Uber 还要继续杀进中国的市场？它真的已经具备足够的能力做到战无不胜吗？中国的 O2O 之路将会面临怎样命运呢？

中国拥有庞大但竞争激烈的租车市场

商人逐利，无利不起早。Uber 面对着竞争如此激烈、监管如此严格的中国，即使"水土不服"，但还是来了。中国吸引 Uber 的最主要的地方就是广阔的市场空间和发展机会。根据最新艾瑞咨询统计数据显示：中国的租车市场正处于快速发展时期，2013 年，市场规模以 19. 2% 的增速上升，年终市场规模达 343. 4 亿元。到 2014 年，预计增速仍会保持在 10% 以上。

中国大量的潜在用户对租车的刚性需求促进了租车市场的快速发展，中国驾驶员的逐年增长也体现了这一点。另外，用户也越来越依赖于使用租车。随着国内监管制度的不断完善以及租车企业越来越成熟的管理模式，租车市场将迎来前所未有的高峰期。

在移动互联网如此发达的今天，持有平板、智能手机的用户更多开始利用琐碎的空闲时间，旅游 O2O 开始正式发挥巨大作用，Uber 作为租车 O2O 的典型代表进军中国市场上，意味着要在其中赢得一定利益。

在中国市场，不管是"人 + 车"模式的租车（如 AA、易到），还是单纯的租车服务（如一嗨、宝驾、至尊），还是新的打车 APP（如滴滴、快的），都想在竞争激烈的中国市场分得一杯羹，而且它们也都抢先建立优势，作为后来杀入中国市场的 Uber，能否在如此严峻的竞争形势下站稳脚跟，我们拭目以待。

整体租车市场环境：服务痛点多，三思而后行

工业经济的发展加剧了城市环境污染的程度，雾霾、拥堵等成为了城

市常见的现象，北京、上海、深圳、广东等一线城市还有一些二线城市开始实行限购限号政策。人们日益增长的租车需求、消费观念的逐渐转变和产业链条的日益成熟，使得人们对中国汽车租赁行业的前景充满期待。

但是，租车市场又存在着许多让人头疼的问题，比如因缺乏诚信而产生的诸如骗租、黑租等租车乱象，公司故意为租车司机提供故障车，从而向其索赔。此外，用户与租车公司间的信用成本之高也是亟待解决的问题。

不管是打车还是租车，根本目的就是满足用户及时用车的需求，对于打车软件和租车公司，它们在为用户提供的需求点的体验上还是有很大差距的。Uber 为用户提供了一个在几秒之内就可以完成预定的简单快捷的体验，还让用户在使用的过程中享受到更多的控制权，这都是 Uber 不可比拟的优势，再加上 Uber 所提供的标准化、高品质、细致化的服务也是值得国内公司学习的。除却以上优点，Uber 缺乏个性化、多样化的选择是其需要改进的一个不足之处。

迫于中国市场的压力，Uber 毅然决然地选择了中高端租车市场，虽然，在未来几年，Uber 可以降低身段和价格与本土化市场进行竞争，但是在本土市场的培育以及租车行业之间的诚信问题，值得 Uber 三思而后行。

☀ 主动适应、灵活合作，但合作效果待检验

尽管在中国市场充满了挑战，但 Uber 的 O2O 在中国的实践还是比较灵活的。在 O2O 的创新上，线上部分，图钉用户可以通过手机地图实现一键订车，离用户最近的空车会根据系统的指示来接，而线下部分，Uber 会随时记录司机、乘客的信息以保障他们的安全。用户在体验之后会到线上进行反馈意见或发表点评，从而完成了一个 O2O 的闭环体验。在整个的闭环体验过程中，Uber 与支付宝、高德地图联手合作，这是本土化的一个聪明选择，但是在本土化的租车公司中，这一点并没有特别之处。

在美国，Uber 司机以个人司机注册为主，而在中国，Uber 采用与租车公司进行合作的方式——由租车公司提供司机和车辆。这样的合作方式，不管是出于主动还是被动，在租车这个水势极深的行业，还是值得信赖的。

Uber 的另外一项合作更能体现它正努力学习并适应中国的市场。Uber 除了要了解中国的一些相关政策、市场环境还有最为重要的一点是了解用户的习惯。2014 年 11 月，穷游网举行十周年发布会，Uber 宣布与穷游网联合形成战略合作关系，穷游网在发布会上正式推出核心产品——行程助手 APP，该 APP 不仅可以帮助用户制定行程规划，而且还具有目的索引、添加旅伴、分享设置等功能。基于此，Uber 和穷游网将以 API 接口嵌入和行程助手 APP 为开端，提供用户旅途中随时叫车的服务。

到目前为止，穷游网已经拥有 5000 多万的用户，其中，移动端用户就超过了 2000 万。以穷游为出发点，Uber 的切入提高了它的变现能力，而以 Uber 为出发点来看，通过对几千万出境游客的租车行为的观察，可以更加深入的了解到他们的租车习惯，发现人的消费习惯具有连续性。

这些用户无疑会成为 Uber 在中国的潜在用户，Uber 亚太区运营负责人艾伦·佩恩（AllenPenn）表示，"Uber 在中国目前正处于起步阶段，我们希望能够提供越来越多的本土化服务，鉴于刚刚开始，我们还需要长时间的摸索，通过更多的用户给予我们的反馈不断改进。"这样看来，我们希望通过穷游网收集大量用户反馈的愿望是可以实现的。

国际化公司若想适应中国市场，必须采取主动适应、灵活合作的方式。以往有太多因为国际化公司在中国"水土不服"而逐渐消失，像 MSN、ebay。但是主动合作是否能够完全融进中国市场还未必，这些合作触动双方利益，在中国商业环境中，Uber 的 O2O 能否把握机遇，应对未来的障碍重重，显然是其作为国际化公司的一个巨大挑战，因为在发展空间如此大的中国市场，谁都想分一杯羹。

第六章

在线短租：

零边际成本时代来临，打造共享型短租新模式

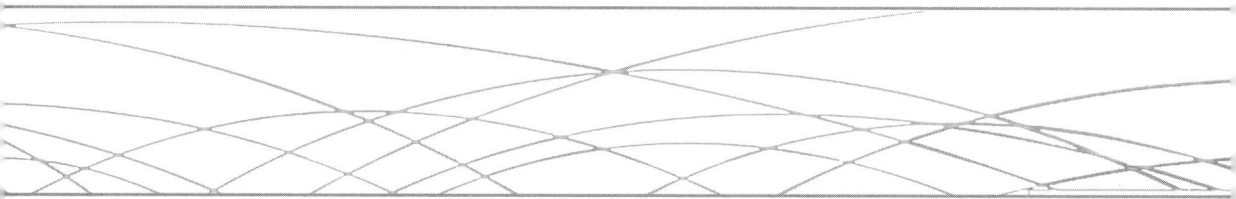

第一节　在线短租七大平台：
在线短租现状、运营及盈利模式分析

在线短租在中国广阔的市场上进行发育，并于2011年之后迅速走向成熟。就目前的产业前景来看，短租行业与旅游业的发展息息相关，因为短租的客户大多数来自于旅游客户，包括商旅人士。在2012年，我国短租市场出现了大幅增长的高峰，预示着短租行业可以更进一步大展拳脚，创造利润。

那么接下来，我们在盈利模式方面探讨国内外短租行业之间的异同。

✦ 何为在线短租市场

（1）在线短租。

如今，互联网电商的发展已经渐趋成熟，再加上租赁市场中对于短期租赁的需求越来越大，两者共同催生了短期租赁"触网"现象的出现。

中国旅游市场的振兴和不断壮大隐隐蕴含了对于在线短租这一模块的刺激。2011年，短期租赁正式起步，同年便如雨后春笋般出现了爱日租、蚂蚁短租等一系列在线短租企业。这类企业的出现和发展彰显共享经济以"人"为核心的价值观，为旅途中的人们带来了更加具有个性化的服务，同时也进一步提高了资源的利用效率，通过共享资源来使得部分闲置资源发挥经济价值。

在线短租是一种典型的O2O模式，交易和交流部分在线上完成，而后由线下完成体验和使用。具体来说，在线短租就是指房屋资源拥有者把自己的房源通过线上途径公布出来，包括房屋状况、位置、价格等，而后有在旅途或者出差中有短期租住需要的人们可以在网页浏览房屋信息，挑选合适的在线同房主交流直到交易成功。

国内市场频繁崛起的众多企业网站便是为房主和房客提供一个在线展示和交流的平台，使得线上途径与线下的资源有效结合，形成在线短租新模式。

（2）在线短租发展条件。

随着人们消费方式和生活观念的不断更新，传统意义上的宾馆和酒店已经逐渐无法满足消费者的多元化需求。短租房在私密性、归属感以及性价比上都要优于酒店。

另外，在资源方面，受房产泡沫经济的影响，在一轮购房热潮过后，大量闲置房源出现，人们需要利用此类资源创造二次收益。而从长租和短租比较来看，后者收益显然要高于前者。

（3）在线短租产业链。

在线短租产业链

★房主：拥有房屋资源，将限制房源进行共享，按日计费，获得收益；

★中介：相当于房屋租住的代理经销。通常来说，中介机构先与房主签订长期租赁合同，而后再把资源发布到在线平台，以短租的形式出租，从中赚取差价；

★在线短租平台：房东与房客的交流中介，提供线上预订服务，与线下代理和中介机构合作，搜集整理房源，为消费者提供房屋搜索服务，并同时为消费者承担交易担保；

★媒体：是人们进入在线短租网站的引线，如搜索引擎信息推荐、在线旅游网站相关信息推荐等。

在线短租平台的分类及具体运营

随着互联网的不断发展，在线短租平台规模愈加壮大，目前主要分为以下三类：一是由独立运作团队来维护的创业型网站；二是以原本运营相关业务的互联网公司为依托来发展在线短租业务；三是传统房屋中介拓展在线业务，附带推出在线短租业务。

那么在线短租平台在日常中的运作究竟包含哪些内容呢？

首先我们来看其服务定位。在线短租平台主要是为在旅途中有短租需求的人们提供房源信息搜索和在线交易，同时为房主提供房源信息发布以及房源托管服务。

那么与传统房屋租赁相比，在线短租的优势在哪里？毫无疑问是房源。对于房东来说，共享经济模式下利益的再创造促使其需要把闲置资源共享出来获取收益，而对于房客来说，随着生活方式的转变和旅游市场的发展，对于短租的需求也日益增加。二者合力推动了短租市场的发展。在线短租平台则恰恰提供给双方一个快捷、高效的途径来完成交易。

从营销能力来说，在线短租平台通过新媒体等宣传形式不断扩大着平台流量入口，提高平台影响力。此外，在日常进程中对平台上的房屋资源进行不间断地维护和管理，保证在线短租市场的秩序。

就产品而言，在线短租平台以短租房为核心产品，收集短租房源为用户提供短期租赁服务。对于房东来说，未来在线短租将会完善房源托管服务，使得房东运营成本降低。

在线短租平台在何处赚取收益？房租？不，如传统中介机构一般，其通过为房东带来客户而赚取佣金。未来，因代理机构或中介加盟而产生的加盟费也可能会成为其新的利益点。

在线短租平台的主要客户来源是房东，主要包括个人房东以及中介机构的加盟。随着平台的认可度进一步提高，这两部分客户源的数量将不断提升。

✿ 在线短租平台盈利模式

（1）国内。

现阶段，佣金是在弦断平台的主要盈利来源，平台按照交易金额的5%～10%的比例向房东收取佣金。以爱日租为例，其以5%的比例从房东的交易金额里收取佣金，再以房东原定价格为记基础上浮12%作为短租价格推出。而还有短租平台甚至为了在前期大量积累房源和用户，甚至采取前期免收佣金的方法。如游天下，于 2012 年 4 月宣布免收佣金。

除此之外，还有平台会开发新的收益点。比如途家，其托管的个人房源由专业的定价人员根据房屋的地理位置、设施等综合条件来给房源定价，其余附加费用房东只需承担物业费，剩余部分由途家承担，而收入则由双方五五分成。

（2）国外。

相对于国内来说，国外的在线短租盈利模式更加多元化。例如美国 Homeaway 便采取了"广告＋交易佣金＋增值服务"的模式。具体来说就是其收益的 87% 都来源于广告，剩余来源于向房主收取交易佣金以及根据现在搜索和预定比例与收取一定费用，并设立客户收费咨询房源信息的项目。增值盈利部分包括旅游保险、房屋损坏保险等。

国内在线短租代表网站

（1）爱日租。

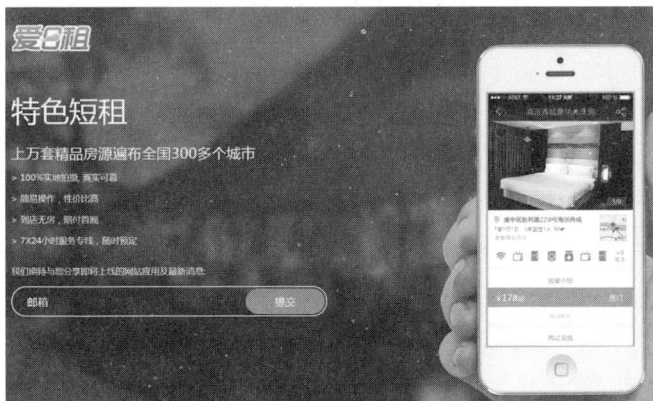

爱日租 *

---

* 图片来源：爱日租网站截图

爱日租成立于 2011 年 6 月,总部设于北京,主要团队成员包括 CMO 张若愚、CEO 李国栋、COO 张本律。

网站于 2011 年 7 月获得 200 万美元天使投资。其盈利模式与大部分在线短租平台一样,主要来自于向房东收取交易佣金,所占比例为交易金额的 5%,其网站标售价格在原定价格的基础上上浮 12%。在该网站平台推出的房源信息主要包括公寓、民居、客栈、别墅等,这些房屋主要来源于个人,也有部分是酒店式公寓。

(2)游天下。

游天下*

游天下成立于 2011 年 9 月,总部设于北京,是一家依托原有租赁业务网站租房网发展起来的短租平台,主要团队成员有 COO 刘坚等。

与大部分短租网站不同的是,其盈利模式主要来源于对闲置房源的转化,而非交易佣金。除了为房东发布房源信息之外,其还推出了一系列针对房东的服务,例如对房东进行全方位的培训与指导,使其获利同时为租客提供优质服务,形成良性循环。目前其采取的是免费、开放的策略,以

---

* 图片来源:游天下网站截图

期达到几方共赢的目的。网站房屋类型主要包括家庭旅馆、青年旅舍、四合院、城堡等，主要来源于自己的房源和为他人打理房子的人，中介机构所占比例极小。

（3）蚂蚁短租。

蚂蚁短租*

蚂蚁短租于 2011 年 11 月成立，总部在北京，从赶集网孵化而来，目前已独立。主要团队成员有 CEO 杨浩涌等。

赶集网在 2011 年 10 月收购 mayi．com 双拼域名，于同年 11 月斥资 2000 万美元正式打造蚂蚁短租，2013 年获得近千万美元的 A 轮融资，同时宣布独立。其盈利模式同样来自于交易佣金，按照交易金额的 10% 向房东收取。房源类型主要包括公寓、学区民居、海景别墅、林间小屋等，来源以个人为主，部分为酒店式公寓。

（4）途家。

途家于 2011 年 12 月 1 日正式上线，总部在北京，主要团队成员包括创始人 &CEO 罗军、联合创始人 & CTO 梅丽莎·杨（Melissa Yang）、运营

---

* 图片来源：蚂蚁短租网站截图

总监郑悦、技术总监庄海等。

途家在 2012 年 5 月完成首轮投资。其盈利方式主要来源于托管服务和交易佣金，扣除 5.55% 的销售佣金和营业税之后，业主与途家以 6：4 的比例进行分成。其主要房屋类型有度假公寓和别墅，主要来源于斯维登酒店公寓。

（5）小猪短租。

小猪短租[*]

小猪短租于 2012 年 8 月成立，总部北京，陈驰和王连涛为联合创始人。

其在 2013 年 1 月 6 日宣布在 2012 年获得融资千万美元。小猪短租盈利主要来自于交易佣金，以交易额的 10% 向房东收取。其主要房屋类型包括民宅、主题房、客栈、四合院、农家院等，来源以个人为主。

---

[*] 图片来源：小猪短租网站截图

国外在线短租代表网站

（1）Home Away。

该网站于 2004 年成立，总部设立于美国德克萨斯州奥斯汀，主要团队成员有 CEO 布莱恩·沙普斯（Brian Sharples）、CDO 卡尔·谢泼德（Carl Shepherd）、COO 布伦特·贝尔姆（Brent Bellm）、CPO 汤姆·黑尔（Tom Hale）等。

从 2006 年到 2011 年，Home Away 依次收购了 VRBO 网站、OwnersDirect. co. uk、Homelidays. com、BedandBreakfast. com、realholidays. com. au。在融资方面，其于 2005 年完成 A 轮融资，4900 万美元；2006 年完成 B 轮融资，1. 6 亿美元；2008 年完成 E 轮融资，2. 5 亿美元。

Home Away 的盈利主要来源于广告费、交易佣金、第三方合作分成以及搜索排名，在佣金方面其向房东收取，50 间房源以上按交易总额的比例提成，50 间房源以下则每年收取 300 美金。其房源以家庭民居和公寓为主，主要来源于物业经理。

（2）Airbnb。

Airbnb 于 2008 年 7 月成立，总部在美国旧金山，团队成员主要有总裁兼联合创始人内森·布莱查克（Nathan Blecharczyk）、总裁兼联合创始人布莱恩·切斯基（Brian Chesky）等。

该网站在 2011 年 5 月和 7 月分别完成 A 轮融资和 B 轮融资，金额为720 万美元和 1. 12 亿美元。其主要盈利模式为交易佣金，向房东收取交易金额的 3%，向房客收取 6% ~12% 的服务费。主要房屋类型有公寓、家庭住宅、城堡等，房源大部分来源于个人。

在线短租平台的未来发展

（1）市场。

在线短租的市场于旅游业息息相关，未来随着旅游业尤其是自助游的发展，在线短租的市场前景将更为广阔。再加上随着人们对在线短租的认知度提升，也帮助其挖掘市场潜能。

（2）运营。

目前，短租房源分布主要集中在一线城市以及旅游景区，未来这一集中点将向周边以及二三线城市扩散。如今个人房源的比例进一步增加，但中介还将在一定时期内起到重要作用。未来在线短租继续朝着个性化、多元化、标准化的方向发展。

（3）盈利。

现如今，在线短租的市场仍处于酝酿发育的阶段，在此阶段房源信息和客户信息收集更为重要，因此零佣金模式在这一时期更受欢迎。后期房源和客户资源渐趋稳定之后，国外多元化盈利模式将渐渐被引用，比如加盟费、广告费等将成为在线短租平台新的盈利点。

（4）合作。

与短租平台进行合作的主要有保险公司、物业管理还有在线旅游网站。二者的加入一来可以保证房东和房客的财产安全，二来可以对房源进行维护，确保房东利益，也能够为房客提供更好的居住环境。在线旅游网站同在线短租之间可以达到流量互通的关系，前者为后者带来客户源，后者为前者丰富在线短租类型，进一步吸引客户。

目前，由于国外在线短租平台起步早，发展也较为成熟，因此后起步的国内网站其商业模式、盈利模式大多仿照国外 HomeAway 和 Airbnb 而来，因此网站个性不够突出，同质化较为严重。尽管如此，在线短租在我国依旧有良好的发展前景，随着经济模式认同感的上升以及需求的不断加大，共享经济的概念不断创新，在线短租市场必将受到多方的推动而朝着多元化方向发展。

另外就盈利方面来说，目前在线短租平台还不能以盈利为最核心的部分。当务之急应是把在线短租的概念推广到具体门户，使其优点真正能被房东和房客所认可，打中两者的需求痛点，当资源积累到一定程度，盈利自然水到渠成。

在线短租拥有相当大的潜力，其发展不仅对于自身，对于旅游业、房地产业等都是一个相当大的推动力。但是由于国内在线短租平台起步晚，发展还不成熟，因此必须要稳扎稳打一步步发展，而不能采取激进式哄抬市场的方法。尚处于发展初期的在线短租市场只有打好基础才能在后期爆发出更加强大的力量。

第二节 在线短租模式的发展历程：
共享经济开启零边际成本时代

　　如今旅游也呈现出多元化的发展趋势，旅游团、自助游、自驾游、背包客、私人定制游等旅游方式极大地满足了人们对于旅游方式的多样性选择。随着这些旅游方式的崛起短租行业也发展得如火如荼，旅行者体会到的不再是单一的酒店、宾馆等，他们更可以体会到当地的民俗风情，出租者把自己空闲的房间租给旅行者还能得到一些利益，这种互相满足的新模式谁又会去拒绝呢？

　　在欧洲，当地居民将自己的空闲房间作为旅店租给游客是一种很常见的现象，而且这种房间价格很公道，价格只有普通旅馆的2/3。

2004年建立于美国德克萨斯州奥斯汀并于2005年开始运营至今的在线短租公司HomeAway经过一系列的融资与收购已经成长为全球最大的假日酒店房屋租赁在线服务提供商，如今该公司的业务范围已经扩展至145个国家，拥有超过50万个假日出租房源。

2011年6月30日公司迎来了运营多年的重要时刻，公司于纳斯达克正式挂牌，交易代码"AWAY"，股价从最初的单股27美元上升至37.10美元，增幅达到39%，市值达到30亿美元，该公司采用是B2C的线上加线下的运营模式。

采用P2P运营模式的Airbnb成功发展为在线短租领域的另一个巨头。2008年的8月份，Airbnb于美国加州旧金山市正式成立，用户可以在这个平台上免费发布房屋出租信息，想要租住的人在平台上通过搜索找到合适的租房后，借助在线支付方式完成预定。如今的Airbnb用户足迹遍及全球190个国家，房源涵盖34000个城市，时代周刊给与高度评价称它为"住房中的eBay"。

在线短租模式的发展历程

2013年Airbnb宣布进军中国市场，在这个拥有10多亿人口的东方大国与同行业者展开了激烈的厮杀。短租市场以特有的运营模式、浓郁的地域风情体验效果以及价格优势吸引了众多的目光。从艾瑞咨询发布的数据来看，从2011年的700万元快速发展到2014年的40.5亿元，2015年这一数字有望突破105亿元。

诱人的市场前景吸引了众多的淘金者：途家、木鸟短租、小猪短租、蚂蚁短租、爱日租、游天下等争相涌入。

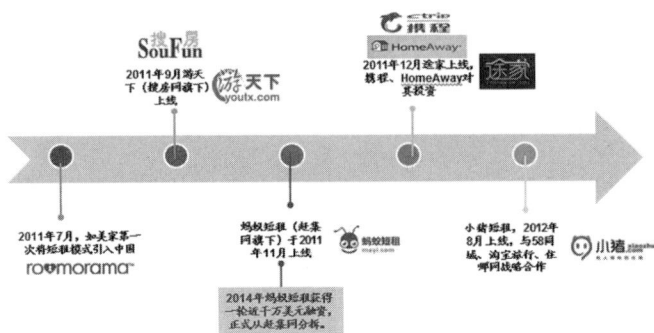

中国在线短租模式的发展历程 *

与 Airbnb 相同，这些公司大部分的利润来源都是靠收取一定比例的佣金，而拥有线下产业的途家还多了酒店的经营收入与平台所获得手续费收入。

短租的轻资产运营模式得到了大量的投资机构的青睐，通过数据观察表示：蚂蚁短租与小猪短租的房源主要是个人房源，而途家则以其40万的房源数量力压群雄。

短租和酒店以及宾馆等相比有着价格优势，就目前看来各家网站的租房价格差别不大。

经过短短几年的发展中国的短租市场发展势头十分猛烈，但在发展之余也遇到了一些具有中国鲜明特点的难题：本身短租作为服务业必需要有专门的服务人员进行房屋的打扫、物品管理等服务，管理费用以及成本问题困扰着本行业的创业者；中国目前的相关法律法规在个人房源的监管上存在漏洞。这些问题使得旅行的人们会更倾向于选择那些安全性高、舒适、便捷的酒店、宾馆等，使得短租市场的发展受到一定的限制。

当然，随着该行业的不断发展以及短租盈利模式不断完善，公司将会获得平台服务费、第三方服务费、广告推广费等。当短租行业被主流社会所接受之时，这些短租行业公司的收益将会更具规模。国家层面上的法律

---

 * 图片来源：环球旅讯

法规的完善将会使得该行业朝着更为健康有序的方向发展，使得短租行业能够走向世界舞台。

从更深的层面上讲，短租行业是如火如荼的共享经济在"住"上的最佳表现形式。同样专车的发展也是共享经济模式的一种延伸。旅游行业当下还是资源导向型行业的典型代表，人类社会生活的"吃住行娱购游"几个方面，共享经济应用最广泛的恰恰就是"住"与"行"。专车是共享经济应用于"行"的具体表现。在这里不禁会有一个疑问——到底何为共享经济？

在20实际80年代，在美国的失业率问题严重的背景下，著名的经济学家马丁·L. 魏茨曼提出了提高生产率和战胜停滞膨胀为目的的共享经济理论。他认为减少失业率应该从减少资本家对劳动者的剩余价值的剥削程度上入手调整价值分配，应采取一种从企业中拿出一定比例的利润来对员工进行工资补偿的分配制度。

通常我们所说的共享经济的含义为个人之间交换商品或者服务的体系。通俗的讲就是出租经济，把你所拥有的技术、物品、现金等资源进行出租。

共享经济可以从其发展条件、驱动力、影响三个层面上来进行分析：

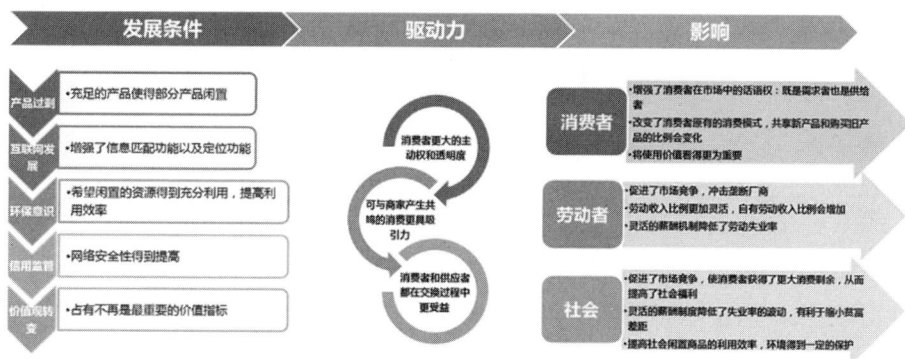

共享经济的深层分析*

---

* 图片来源：环球旅讯

☀ 共享经济的启示：零边际成本时代的到来

物品的使用权将会被分离，共享经济所需要的是物品的使用权而不是其所有权。

本质上，专车领域的 Uber、易到，还有做短租的 Airbnb、小猪短租，他们通过共享经济模式的运用使得物品的使用权分离出来，人们即使没有物品的所有权也可以通过共享来使用产品及享受服务。生产活动所造成的产品过剩借助互联网平台实现了共享。

人们社会化生活过程中的这些离散的信息中存在的潜在价值，经过大数据分析利用之后极大地促进了社会效率的提高并给予人们更大的社会福利。虽然现如今的共享经济模式还存在许多诸如个人及组织的隐私安全、企业的道德问题、国家的法律存在漏洞以及诚信体制的建设落后于西方国家等问题，但是任何事都不是一蹴而就的，相信随着我国基础设施以及相关法律法规的完善，共享经济模式必将在我国的社会主义建设中迸发出巨大的力量。

共享经济所涉及的领域正在改变着我们的社会，通过 Uber 享受拼车出行的人与通过 Airbnb 短租享受当地民俗风情的人无时无刻不在感受着这种变化。共享经济透过互联网改变的行业何止这两个，Poshmark 在服饰领域异军突起，还有鼓励支持创新的众筹平台 Kickstarter，更有软件开发领域的 Linux 等等，共享经济在逐渐改变着我们生活的方方面面。

共享经济使得那些资源冗余的人得以将自己的闲置资源分享出去，这使得我们这些由于经济条件问题无法拥有这些物品所有权的人可以享受到该物品的使用权，同样企业也受益于由于这种合作关系所带来的产品与服务的生产成本的降低。

这就是所谓的零边际成本经济，原来处于商业核心流程地位的物品所有权被合作分享式的使用权所代替。经济学中将成本分为两部分：设立成本与边际成本。设立成本通俗意义上讲是指生产首个产品所需的团队组织及生产工具的建设。边际成本是指生产一件新产品的所耗成本。

这些年以来，大部分的企业都在把主要力量集中在生产效率的提高与边际成本的降低上，旨在降低企业的产品以及服务的价格由互相竞争中的优势来抢占市场份额。

丰田汽车将这种方法运用的炉火纯青在业界成为了一个典范。丰田人的精益制造重新诠释了汽车的生产流程，撼动了汽车行业的格局。

丰田汽车的生产效率比在底特律的以传统的装配生产线生产的美国汽车要高出许多，使消费者的购买成本进一步降低。丰田汽车的这一变革给福特、通用等美国汽车生产商带来了巨大的冲击。借鉴丰田汽车的生产流程，在软件开发过程中应用精益创业战略与生产看板管理系统成功的提高了软件开发效率。

☀ 现在，焦点正在改变

短租与出行这类的服务业，创业成功的掘金者不在于生产的优化，而在于成本的消灭。

出行领域的 Uber 这是在诠释这一原理，传统的出租车公司必须通过较高的成本来获得汽车与配套的牌照才能增加一辆出租车，但是 Uber 大可不必如此，Uber 只通过与车主进行网络协调近乎零边际成本的为自己增加了一辆出租车。与传统的短租行业中较高的物业成本与收购线下房源所花费的巨资相比，Airbnb 通过网络平台的信息对接实现了近乎零边际成本的获得新的房源。这两家公司对于边际成本的控制使传统的商业模式面临着被淘汰的命运。

同样，在软件开发领域的开源软件低边际成本对以传统商业模式运行的专利软件公司带来了巨大的冲击。这些开源软件导致专利软件公司的靠销售软件许可盈利的商业模式被打破。开源软件开发借助共享使得众多企业共同分担开发成本，提高企业软件开发生产效率，缩短企业软件的创新周期，同时又降低了设立成本。

一些行业在软件行业的开源中受到启发，将开源的理念应用到了自身的行业领域。2014 年 6 月 13 日，特斯拉汽车公司 CEO 伊隆·马斯克宣布：开放特斯拉所有的专利来帮助汽车行业研发先进的电动车。伊隆·马斯克这种打破传统商业模式的行为开启了资本主义在个人产权方面由集中转变为开放合作的新时代。

一些大型的公司在通过为大众所属的低边际成本社区增加价值的过程中成长起来。Acquia 研发开发者工具、应用软件以及服务模块等并进行技术支持来为开源的 Drupal 软件社区服务，创造了新价值。Uber 在提供多元化的叫车服务来提高价值。这两家公司很清楚的知道：一些类似社区的快速形成会带来边际成本降低，但是公司的产品及服务会随着社区的繁荣而更加富有生命力。

社区的力量使得以往行业生产的基本流程得以优化，效率上极大提高。它同样使得企业可以高效的开发出新的产品及服务，达到直接吸引消费者从而产生巨额利润的目的。

未来的十年，企业要想在近乎于零的边际成本经济中站稳脚跟，必须提高企业的开放性与合作性。那些还想依靠软件开发专利赚取高额利润的企业将会面临被淘汰出局的危险，一些学会拥抱分享与合作式共享经济模式的个人及组织将会获得最终的胜利。

第三节　在线短租面临三大挑战：
市场环境＋供应链体系＋管理模式

在线短租最早的历史可以追溯到美国，其模式在不断的发展中日益成熟，但通常意义上仍旧可以于2005年成立的HomeAway和于2008年成立的Airbnb为典型代表。前者至今仍是全球最大的假日居住房屋在线租赁供应商，是广受认同的民宿领头企业，在世界十大在线旅游公司中排名第五，市值33亿美元。而后者虽然还未上市，但其发展势头迅猛，被看作是下一个ebay，在线旅游企业成功的典型代表，市场估价约为100亿美元。

不可否认的是，美国长期以来一直在互联网领域占据领先位置。正如我国曾经对待西方文化的"拿来主义"一样，美国互联网也自然成为我国互联网所借鉴和模仿的对象，对应到在线短租领域仍是如此。以途家为典型代表的 B2C 模式就是 HomeAway 在中国的对照。途家对房源（包括资源、装修、管理等）统一管理，最后的收益由途家和房东之间按比例进行分成。

模仿 Airbnb 而来的则是以把其 C2C 化的小猪短租为典型代表，为短租房交易双方提供交易平台，从中抽取一定佣金。其他平台如游天下、蚂蚁短租等未将个人房源放在重要位置，而主要是依靠职业房东，如中介。因此这类平台并不能算是真正的 Airbnb 模式。

那么在 O2O 的实践道路上，力图把 Airbnb 模式 C2C 化模式能够走得多远呢？又面临哪些挑战？接下来我们就此问题进行具体剖析。

☀ 中国市场的尴尬：信任系统不完善

随着 O2O 概念的风靡，在线短租也趁势发挥出了自己强大的潜力，其市场规模扩大，扩张力度节节攀升。据相关数据显示，2012 年，在线短租迎来了其发展加速期，以 1.4 亿元的市场规模展露锋芒。次年，市场规模扩大了约 6 倍，而直到 2015 年，市场规模可达 105 亿元。这种在三年间增长 50 倍的速度令人咋舌。

此外，根据《中国在线租房市场研究报告》显示，从交易规模上来看，2013 年在线短租交易规模为 30 亿元，并仍在保持飞速上涨。

虽然市场潜力巨大并且保持了高速的发展势头，但是对整个市场进行规划和切分并不容易。其中最大的问题就是诚信系统的不完善，这恰恰是 C2C 短租成功与否的关键因素，因为这是一种"人"于"人"之间的直接交易模式。人与人之间信任的建立需要一个长期的过程，而小猪短租等在线短租公司需要建立起一个完整的体系在短时间内建立起信任。

在交易开始之前，房客和房东之间的社会关系是陌生的，那么如何使这种陌生人的关系转化为熟人关系的？也就是说如何使得房客安心住进陌生人的房子里而房东也能接纳一位陌生的房客呢？这期间金钱交易、房源与照片是否一致等对在线短租都是一个巨大的挑战。

在国外，Airbnb 通常把真实的客户同其社交账号绑定，依靠 Facebook、LinkedIn 等社交网络加强交易的保障。Facebook 在美国的信用度较高，应用性也较广，所以可以以此来考量一个客户的信任度。如果该客户的注册时间短，好友数量少，那么存在问题的可能性就大大提高。

LinkedIn 是美国最主要的招聘网站之一，在美国也享有较高的信誉度。房主如果把自己的 LinkedIn 同 Airbnb 绑定在一起，就如同在宣告我是以极大的诚意来做 Airbnb，这将直接影响到我的工作。

除此之外，Airbnb 还要求用户把信息与信用卡绑定起来。在美国，信用系统已经十分完善，人们在信用卡上的信息是真实可查的。所以涉及到信用卡的违法行为将会迅速被定位到人，犯罪的成本相当高。

相比较国外来说，国内的社交网络很难保证用户信息的真实与安全。社交网络上因为身份不明而出现的欺瞒诈骗事件更是不在少数。大多数国人都无法通过网络而完全相信一个陌生人。现在还要通过在线途径最终住到一个陌生人家里，这对中国现状来说是一个极大的挑战。

中国在线短租没有那么长的孕育时间来从根源解决信任问题，其只能在市场发育阶段通过平台化机制手段在交易双方之间建立信任体系。现如今所引用的方法主要有小猪短租采取的二代身份证信息验证、双方互评体系和与 Airbnb 相类似的保险赔付制度。

供应链的问题：两端市场仍在磨合

供应链要想形成高效的运转循环，两端的市场必须高度匹配。供需对接是在线短租 C2C 模式建立供应链急需要解决的问题。供给端和需求端分别是资源价值的挖掘和资源分配的问题，在信用系统建立的基础上，两端市场的挖掘和相互之间的磨合也是必要因素。

Airbnb 在美国的成功为中国提供了一个很好的范本，不然以中国市场的信用系统基础在线短租 C2C 必然步履维艰。此外，在线短租 O2O 的发展也是基于互联网、计算机高速发展的基础之上的。

第一个模仿 Airbnb 模式建立的是爱日租，其成立与发展给中国这个巨大的市场上了一堂生动的供需对接课程。然而，2013 年 7 月 10 日爱日租倒闭，随之在线短租在中国市场的发展前途受到了质疑。

迄今为止，中国在线短租的市场是否已经发育成熟？这仍旧有待观察。但我们应当承认的是，这个市场正在迅速成长。2014 年 6 月，小猪短租完成 1500 百万美元的融资，途家完成 C 轮融资，金额高达一亿美元。同年 8 月，Airbnb 再次融资 4.75 亿美元。这一系列融资成功说明短租市场已经在逐渐受到认可，尤其是几家具有代表性的在线短租企业已经逐步在市场上站稳了脚跟。

从需求一端来看，城市化进程不断推进，地域之间的人口迁徙已经渐渐成为一个社会化问题，尤其是因为工作、求医等而产生的过渡性住房需求甚至比欧美市场要高得多，当然，旅游业也占了相当一部分比重。所谓过渡性住房需求指的是居住时间在 7 天以上 30 天以下的需求类型。这类需求在传统市场上面临长租房和酒店都在时间或者价格上无法满足的尴尬局面。

所以从上述来看，我国在线短租并不缺乏需求市场。但是从我国目前的经济发展状况来看，依旧存在城乡发展不平衡、地域经济差异等状况，共享经济中的个性需求市场仍旧主要集中在一线城市或者某些旅游集中的城市，而在二三线城市还需要对市场进行进一步的培育。

　　通过在全球化范围内的扩张，Airbnb 可以找到新的需求并引导市场的潮流。但以小猪短租为代表的在线短租平台依旧要依靠本土化市场，在全球化的扩张方面可能会遇到阻碍。

　　从供给来看，Airbnb 拥有极为强大的供给能力，这种能力在某种程度上可以反过来对需求起到引导的反作用。从 Airbnb 的发展历史中我们可以看到，其全球化扩张以一种惊人的速度进行着。到 2015 年，其已在 190 多个国家拥有一亿两千万个房源，3 月份其还成为了里约奥运会的房源供应商。其影响力可见一斑。那么在中国，是否存在相当数量的闲置房源可以拿来做共享经济的概念以出租呢？当然是有的。

　　近几年来，由于政策的刺激和房地产泡沫的影响，我国闲置房源的大量增加。这一现象在一线大城市尤为突出，尽管房价居高不下，但是闲置房源却也在同比增长。那么，闲置资源与小猪短租 C2C 如何进行匹配呢？

　　短租需求和供给存在一个流通上的相对持衡关系，当然这是就在线短租 C2C 模式而言。如果二三线城市短租需求量不足，那么供应端就会保持充足，但是这样一来仍然停留在 C2C 市场端的资源就会减少，转而流向 B2C 模式。

　　此外，中国人对自己的房子有种传统习惯上并不喜欢与陌生人共享的态度，再加上有几套闲置房源的人可能并不急于赚取房租，所以，扭转观念与建立信任还需要花时间来进行培养。

❊ 管理模式的挑战：需创新思路

　　Airbnb 在全球掀起了"共享经济"的讨论热潮，这种多样化体验的 C2C 中包含了对个性化需求的重视，实则是在引导一种生活观念的转变。而随着"共享经济"逐渐受到重视，在此催生下产生了很多家新企业，这些企业利用经济概念创新经济形式的同时，也使得概念更进一步地推广开来。

这种个性化在年轻群体中表现得尤为明显。年轻人们已逐渐厌倦了从毫无新意的企业那里获得产品和服务，相比之下他们更喜欢与朋友甚至是邻居合作来碰撞出四射的火花。以 Airbnb 为代表的共享经济企业其商业模式被国内许多企业模仿，但关键问题在于能够领悟并应用其管理精髓的却是少之又少。

仅仅打着概念的旗号来运作并不能成就一家成功的企业。管理模式、资源、人才等综合利用才能成功。尤其是我国与国外国情有着巨大差异，模仿也必须因地制宜。成功的模仿其实是学习，结合自己的情况转化为自己的优势，例如 QQ 之于 ICQ、中国特色社会主义之于马列主义等。

以人才为例，Airbnb 的技术团队有 14 个，每组至少十人，分别由工程师、设计师、产品经理等组成。他们存在很大的自主性，各自发挥自己的长处来集合成更大的力量。对于国内小猪短租等企业来说也许更适合的是"被告知"的人才行动方式，但在创新方面来说，又有谁来告诉你该做什么呢？

中国的市场环境使得在线短租 O2O 必然会面临诸多挑战，信任系统、供需两端市场培育、管理创新等都还需要进一步发展。个性化比重的提高是 O2O 未来发展的必然趋势，而如何把趋势变成现实值得每一个企业去思考和实践。通过企业价值的创造和管理模式的不断创新和丰富，企业在探索道路上一定有所收获！

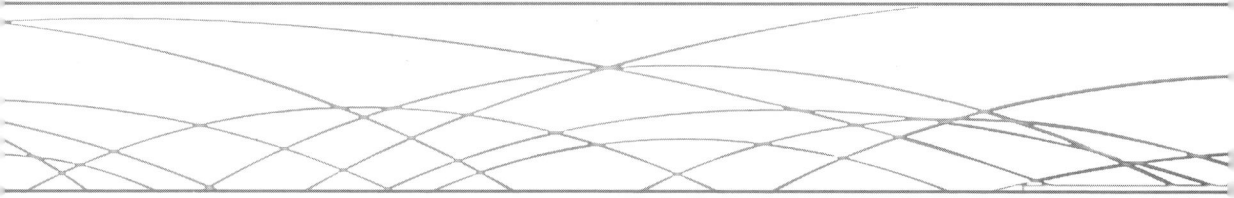

第四节　谋变 VS 转型：
传统酒店如何应对共享经济浪潮下的冲击

随着经济的发展和经济模式的不断创新，共享经济的理念逐渐给越来越多的领域注入了兴奋因子。《纽约时报》专栏作家托马斯·弗里德曼（Thomas Friedman）发表文章阐述自己观点，认为共享经济是一股非常强大的力量，其所带来的经济变革是值得人兴奋的。他同时还在文章中将 Airbnb 同希尔顿酒店集团相比较，认为前者虽然处于发展初期，但仍爆发出了巨大潜力，在飞快蚕食着市场。

由此可见，如何利用好共享经济带来的变革，抓住其中的商机成为了各个企业需要研究的课题。

什么是共享经济？从概念上来看，共享经济是不同的企业、不同的人共同分享所有权和使用权最终共享红利的这样一种经济模式。

从传统的企业关系来看，竞争与对抗似乎是不同企业，尤其是在同一领域的企业之间相处的惯性模式。例如酒店为了对抗 Airbnb，为那些支持传统酒店的游说者提供资金支持，此外不断试图推广自己的产品来与 Airbnb 抗衡。然而这种对抗的姿态实际上也不能帮助传统酒店避免共享经济的影响，相反的，如果能抓住合作的契机，它们也可从共享经济的大潮中获利。例如洲际酒店、万豪酒店、凯悦酒店等，它们无需抗拒共享经济，而是能与这一市场展开良性合作。

那么究竟是怎样的合作呢？它们可以通过增值服务、交易分成和降低成本来做到。

具体说来，酒店可以建立一个双向互通的平台，创建自己的 HiltonBnB，对当地房主于房客之间的匹配流程进行简化。房屋包括 Airbnb 上的储备资源、当地旅舍、民居等。匹配完成之后，酒店便可以在每一次的交易中抽取一定的费用。

此外，增值服务也是合作共赢的一个亮点，例如清洁、礼宾等。或者还可给房主推荐一些高品质的品牌产品，这样既能提高房屋质量，为游客提供高质量服务，同时酒店也能从中获益。

任何经济环境都可能会给企业带来收益，当然同时也会存在风险。那么接下来从风险、收益、回报等几个方面来提出六个方案模式。

逃避式	对抗式	参与式	收购式	整合式	自主式
无视共享经济的影响，等待其消失	以各种手段抵制共享经济	酒店可以参与到初创企业前期建设中	直接收购初创企业	与初创企业进行商业模式的整合	建立酒店自己的共享平台

酒店应对共享经济的六个方案模式

（1）逃避式：无视共享经济的影响，等待其消失。

这是最为简单的一种形式，同时也存在着极大的风险隐患。酒店不去在意任何有关共享经济的内容，忽略其影响。

这一方案的优势在于酒店自觉不去在意和肯定共享经济，它们认为这一模式在长时间被忽视后一定会自然消失。同时，这一方案所承担的高风险在于一旦其判断失误，整个世界经济被纳入了共享经济的轨道，那么酒店最终将滞后于时代经济，甚至面临被淘汰的风险。

（2）对抗式：以各种手段抵制共享经济。

利用法律政策、组织大量的游说者或利用各种营销手段来宣传抵制共享经济，酒店以坚定的态度实施对抗。

这种方式的优点在于法律政策、游说者和营销策略都是经过长时间发展而业已成熟的系统，利用现有体系进行维护可以起到业务保护的作用。但这种方式同样有潜在风险，那就是尽管现阶段共享经济不被某些市场的规则和法律所接纳，但是若随着其在世界市场上的不断蔓延，地域性经济为了跟随大潮发展自身，终会接受共享经济这一模式。

（3）参与式：酒店可以参与到初创企业前期建设中。

这是一种颇具广告意味的参与或者说赞助模式。酒店可以通过这种方式使自己品牌参与到共享经济中，如金融服务公司 Barclays 赞助伦敦的自行车共享项目、NBC 赞助共享模式网站 Yerdle、Blue Cross and Blue Shield 协会赞助明尼阿波利斯的自行车共享项目等。

这种方式的优势在于酒店品牌很容易就能让自己和共享经济结合起来，并且不需要付出很大的代价。其以品牌赞助共享项目，无需太多负担便能起到不错的效果。但其劣势在于无法从共享经济中直接获取可观的收益，因为商业模式的一成不变对 CMO 来说透明度大大提高，相应利益点不容易被挖掘。

（4）收购式：直接收购初创企业。

相比较对初创企业进行赞助，收购是更加直接并能够迅速获得收益的有效手段。酒店可以通过这一方式早期进入共享市场，为企业创造价值。如租车公司 Avis 收购了汽车共享公司 Zipcar。

其优势显而易见就是收益的快速回笼，而劣势则在于不断累加的高额成本。收购并不意味着商业模式的变化，若商业模式一成不变，那么实际上还会有越来越多的竞争对手出现，而酒店品牌绝不可能一一进行收购。这也就意味着高收益只是短期的，而且酒店还必须支付高额成本。早期项目投资者在发现这一情况后会不断给初创项目注入资金，抬高其市值。

（5）整合式：与初创企业进行商业模式的整合。

酒店可以与初创企业展开真正意义上的合作，利用初创企业的平台来共享自己的产品、传递酒店文化等，例如通用电气公司与产品开发公司 Quirky 联手推出创新产品。

这一方案使得酒店在责任、资源和投资的负担中抽身出来，并能与共享经济展开可持续性合作。但是这种合作方式与真正掌控市场之间还存在着极大差距，不够深入的合作使得酒店品牌不能获得共享模式下的体验、数据，不能够据此拓展潜在利益点。

（6）自主式：建立酒店自己的共享平台。

这种模式处于商业模式的顶端地位，酒店通过打造属于自己社区，对整个领域拥有自己的宏观掌控性并能从中注入专属的个性因素，为品牌带来新的活力。

这种方式的最大优势在于酒店拥有完全的自主权，包括平台的交易收据、收入知识产权等，所有的顾客都要在自己的领域内进行交易、创造等一系列活动。这样的模式所带来的回报是巨大的。但是要独立创造和支撑一个共享平台就意味着酒店要承担相当大的责任并且注入高额的成本。

总之，对共享经济的抵制对于企业来说是一种不明智也是不必要的行为，企业完全可以把握时机，在共享经济的发展中找到自身能够实现飞跃的契机。共享经济的时代已经到来，企业在这一波大潮中势必会面临某种颠覆性的改变。要想在这样的波涛中稳定掌舵破浪而行，酒店需得拥有敏锐眼光发现变革所带来的机会，从中获取利益。一味抵抗会让企业丧失前进的机会。

托马斯·弗里德曼（Thomas Friedman）曾说过，共享经济模式拥有极为强大的影响力，值得世人密切关注。而企业的领导者要想站在发展的巅峰，就不仅仅要关注这个领域，还要先人一步，做这个领域的领导者。

第五节　图解 Airbnb 创业之路：
短租鼻祖 Airbnb 到底改变了什么

2015 年 6 月底，Airbnb 公司共筹资 15 亿美元，公司估值达 255 亿美元，成为仅次于 Uber 和小米的全球第三大创业公司。

如今，Airbnb 的线上房屋租赁服务已经遍及全球 160 个国家、4 万个城市，可以租赁的房间达到 100 多万间，即使像万豪、喜达屋、希尔顿这样的任何一个全球连锁酒店，它们所拥有的房间数量也不及 Airbnb。

7 年前，在 Airbnb 刚刚成立之初，"租别人家的闲置房间过夜休息"是一个让人感觉不可思议的想法。该想法即便得到 Y Combinator（硅谷最好的创业孵化器）的推荐，但是 Airbnb 依然遭到很多风险投资机构的拒绝，就连投资过很多前景不明项目（如 Foursquare、Twitter、Kickstarter）的著名科技投资人——弗雷德·威尔逊（Fred Wilson）也深深怀疑它的前景，与 Airbnb 的创始人进行合作的设计师也对此持否定的态度，并希望公司还有别的项目可以筹备。

☀ 创立早期，卖麦片是 Airbnb 最主要的收入

从 Airbnb 房屋租赁服务的发展早期来看，你会发现，它与现在清新自然的风格大相径庭，而且，产品名字的由来都相当的诚实。

2007 年底，Airbnb 创始人 Brian Chesky（布莱恩·切斯基）和 Joe Gebbia（乔·格比亚）起初连房租都付不起，两个人为了分摊房租，想出了在客厅放置三张充气床垫，然后出租房屋的点子，他们为租客提供早餐，每住一晚收 80 美元。这个服务也因此被称为了 Airbed and Breakfast——气垫床和早餐。

这听起来更像是一个为旅行者提供的廉价的 Couchsurfing（沙发客）服务，而非现在的给人以视觉享受和充满艺术感的 Airbnb。

Airbnb 公司开始出现好转是在 2008 年，它利用大型的线下活动开始推广自己的产品。

2008 年 3 月，Airbed and Breakfast 在大型线下活动——SXSW（西南偏南大会）上推出自己的产品。当时正是美国举行总统大选的时候，他们将地点选在美国总统候选人之一——奥巴马的演讲地点——丹佛市，因为位于丹佛市的酒店很少，而去听奥巴马演讲的人又很多，所以他们的产品一下受到人们的欢迎。

*但是，人们对产品的火热态度很快就消失了，Airbed and Breakfast 也随之陷入了无法前进的状态。为了让公司继续运转，切斯基和格比亚搞起了副业。基于当时美国举行总统大选的背景，切斯基将买回来的麦片重新设计成了两种包装，分别标有奥巴马口味和麦凯恩口味，然后以每盒 40 美元的价格放在展会销售。

麦片一经推广便得到人们的喜爱，它的销售情况比切斯基预计的要好。500 盒麦片的售出让他们获得了 3 万美元，这也是他们创业以来获得的第一笔，也是最重要的一笔资金。而没有售出的剩余麦片，则成为他们在那段艰难时期的口粮。

2008 年底，切斯基团队终于等到了和硅谷的创业孵化器 Y Combinator 创始人——Paul Graham（保罗·格雷厄姆）的面试机会，但当时保罗·格雷厄姆（Paul Graham）说："他们的想法简直是天方夜谭，但是创始人们是一个拥有执着信念和充满想象力的团队。"所以，最终，他还是拿出了 2 万美元给 Airbed and Breakfast 作为启动资金，并让这个团队成为 Y Combinator 的孵化项目中的一员。

确实，在 2008 – 2009 年间，支持切斯基和格比亚的想法的人并不多。切斯基经常会提起的一段往事就是：2009 年，切斯基想要为团队增加一名设计师，于是想到了自己的朋友，并向他说出了自己的想法。但是朋友婉言拒绝了他的邀请，并向他提出建议：希望你还有其他项目正在筹备。

除此之外，切斯基和他的团队还遭到硅谷著名投资人——弗雷德·威

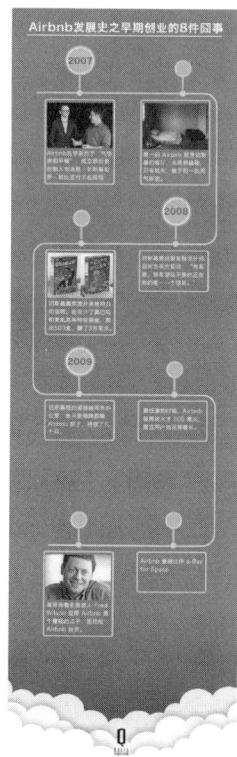

Airbnb **早期发展史** *

---

* 图片来源：好奇心日报

尔逊（Fred Wilson）的拒绝，理由是威尔逊不清楚他们能把模式做到多大。威尔逊在与保罗·格雷厄姆的一封邮件中写道："我对他们的气垫床和早餐的市场规模可以扩大这一点深信不疑，但是对于他们能否进入酒店市场，我不得不怀疑。"

2009 年 4 月，从 Y Combinator 毕业的这个互联网房租共享服务，因为受到大部分投资人的信赖，因此 Y Combinator 还是他们种子轮 60 万美元的投资方之一。

转折阶段：放弃中低端路线，兼做摄影师，直面酒店

Airbnb 瞄准的市场变化*

---

* 图片来源：好奇心日报

当公司的名字由 Airbed and Breakfast 改为 Airbnb 后，之后有好几个月，他们的营收额只有 200 美元，而用户数量基本保持原地不动，切斯基每天住 Airbnb 的费用还没有从他们的营收额中除去，尽管他只是想找个地方睡觉。在这几个月里，切斯基经过观察发现用户的需求：人们都喜欢舒适、漂亮的房子，而一个简陋的床垫和早餐远远不能满足人们的需求。

于是，Airbnb 开始改变最初的只提供廉价的类似于 Couchsurfing（沙发客）这样的住宿服务，2009 年下半年，切斯基和格比亚就开始将自己最擅长的设计能力运用到住宿服务中去。

那时，两位创始人还没有足够的资金可以买一台摄像机，于是，他们花了 5000 美元租了一台，最初，他们为纽约的几套准备出租的房间拍照，拍出来的照片经过巧妙构图和光线调整对客户有着强烈的吸引力，客户对房间的预定量也增至原来的 2 到 3 倍。

Airbnb 在收到客户如此强烈的回应后，决定为想租赁房屋的房东提供房屋免费拍照服务，这一免费服务一直保留至今。房间作为 Airbnb 的核心、用户的需求产品，需要经过精心包装，才能得到用户的喜爱。这种思想的转变，使 Airbnb 由廉价的 Couchsurfing（沙发客）向线上旅行的住宿公司转变。

以上是 Airbnb 的第一个转折，它的第二个转折现在正在处于进行式，特点就是将 Airbnb 的房屋风格更加向着本地化、个性化和富有人文气息的房型转变，然而，这些房屋的价格跟当地酒店差不多或者是稍高一点，但是却比酒店更加富有当地的人文气息，因此能给入住的游客带来更佳的当地体验。廉价酒店中简陋的房屋装修和差劲的互联网服务，在与 Airbnb 舒适、漂亮的民宅和绝佳的当地体验相比时，显得相形见绌了。

Airbnb 的营业的全部利润来自于两部分中介费用：一部分是向租客收取的 6%－12% 的服务费；另一部分是向房东收取的 3% 的服务费。这也说明了 Airbnb 公司的收入取决于每间房屋出租的价格。但是对于平台上的民宿，要想获取高价，除了提升服务品质，还要创造出美的差异。

2014 年 5 月底，Airbnb 开始对一个被称为 "Local Companion（本地伴

侣)"的服务进行测试。该服务可以让游客通过与当地人的交流，让当地人帮助指导购物和旅行，还有协助照看婴儿、买票和驻车等。2014年7月16日，Airbnb在一篇经过更新了的文章——"家在四方"中提到：Airbnb为给游客提供一种地方归属感，正努力形成"四海一家"的共同价值观。

　　Airbnb的这些作为都表现了它试图通过把每一处房屋住宅都布置得本土化，并彰显出当地的人文气息和人文价值，来提高与传统酒店的竞争力。如今，Airbnb依照四种不同的特色标准——"价格实惠""特色奇居""居家体验""融入当地"将房屋分成了四类，其中后三类都是通过一定手段来实现高价出租的。

☀ 找准了路子之后，Airbnb成长到底有多快

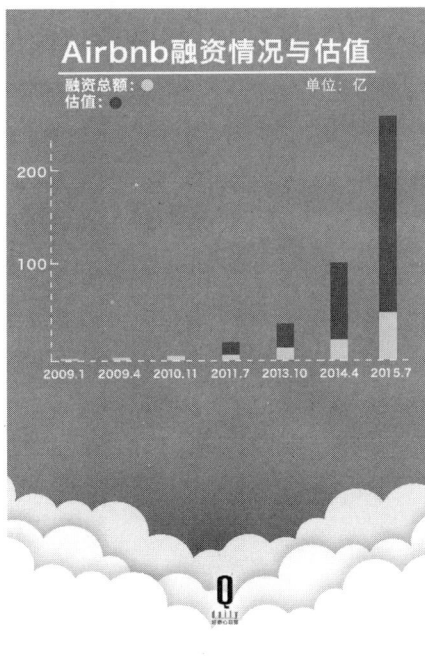

Airbnb 融资情况与估值*

---

* 图片来源：好奇心日报

　　2010 年，Airbnb 的总预定数由年初的 10 万迅速增长至年底的 80 万，在一年之内增长了 8 倍。此时，Airbnb 的发展早已冲出纽约遍布全球，成为一个全球性网络服务，它包含了 160 个国家的住户，并且有 89 个国家的房主也加入其中。

　　2011 年 5 月，Airbnb 创始人 Brian Chesky 在《金融时报》中提到："在中国，Airbnb 将成为继 eBay 的另一个大市场。"这时，Airbnb 的总预定数已经由原来的 80 万增至现在的 160 万，这得益于 Airbnb 在国际市场尤其是欧洲地区的发展。记者也越来越喜欢用"Airbnb for X"这种方式对那些新兴的共享经济型创业公司进行描述。

　　2011 年 7 月，Airbnb 已经成功完成 B 轮融资，融资金额高达 1.12 亿美元，公司估值达 13 亿美元。如今的成就与 3 年前他们要靠卖麦为生比起来，简直让人不敢相信。

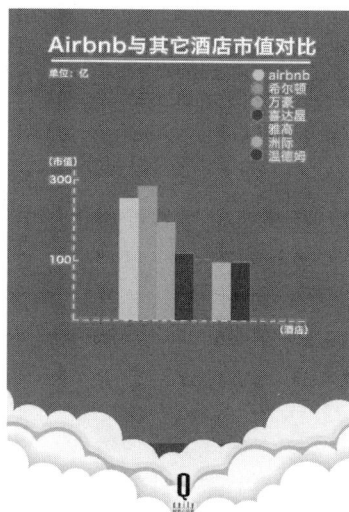

Airbnb 估值和酒店集团的市值对比 *

---

　　* 图片来源：好奇心日报

2015 年，Airbnb 刚刚结束了 E 融资，融资金额高达 15 亿美元，公司估值高达 255 亿美元，成为继小米和 Uber 之后的全球第三大创业公司。而希尔顿作为公开的上市公司，它所拥有的市值为 277．3 亿美元，与 Airbnb 的公司市值十分接近。因为上市公司的吸引资金能力更强，所以，Airbnb 一旦公开上市，它的市值很有可能会超过希尔顿。

据统计，万豪、希尔顿、洲际等国际酒店所拥有的房间数量不超过 70 万，2014 年，Airbnb 的房间数量由 2 月份的 30 万间增至 12 月份的 100 万间，已经远远高出其他国际酒店的数量。如果 Airbnb 也是酒店集团的话，那么，它拥有的客房数量位居全球第一，在公司市值上位居全球第二。

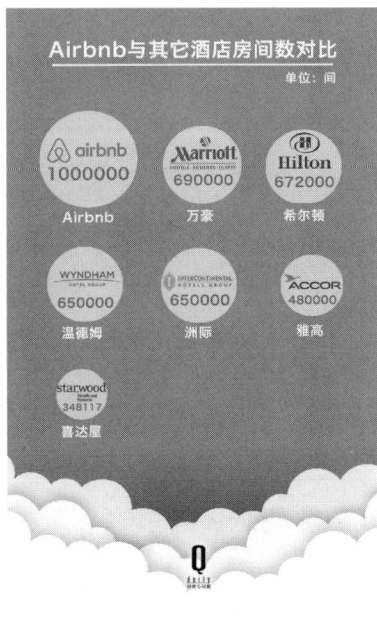

Airbnb 和酒店集团房间数对比 *

不过，虽然 Airbnb 所拥有的房间数量已经位居第一，但是这些房间数量并不是长期不变的，有些可能只是房东暂时可以提供租赁，所以使用率不高。据

———————————

 * 图片来源：好奇心日报

威克斯腾（VickiStern）（巴克莱的分析师）估计，2014 年，Airbnb 的预订天数
为 3700 万间，仅为洲际酒店房间数量的五分之一。但她对 Airbnb 的发展前景
持乐观态度：估计到 2016 年，Airbnb 的的总预定天数将高达 1.29 亿。

❀ Airbnb 到底改变了什么

Airbnb 在成立了 7 年后的官网上——"关于我们"的页面上写着这样
一句话："无论您是想住在公寓、城堡还是别墅，无论您想住一个晚上、
一个星期还是一个月，您都可以以自己想出的价位享受到 Airbnb 在全球
190 个国家 34000 多个城市为您提供的独特体验。"

尽管 Airbnb 的快速发展与广阔前景还不足以对传统酒店企业构成威
胁，但是无需成本的它却满足了许多外出游客临时入住的需求。作为共享
经济的典范，Airbnb 到底改变了什么，我们拭目以待。

Airbnb 和酒店业对比 *

---

* 图片来源：好奇心日报

★第一，Airbnb 对临时居住空间的组织形式做出改变。

你完全可以对比一下，建立一家传统酒店，你需要租楼、装修、添置家具、招募工作人员等等；但是 Airbnb 却不需要这些成本，它只是将房东闲置的房间变为客房，并充当客人与房东的中间人。

传统酒店的营销方式是集中式的重资产模式。它的房间数量是固定不变的，不管是否住有客户，每天都会有固定的员工支出和房租支出，因此，它需要保证足够低的空房率，才会实现盈利；而 Airbnb 没有任何成本，它只是将分散的房屋资源聚合在一起，起到一个中介的作用。所以，只要房东有闲置的房间可以出租，这间屋子就可以当成客房，一经客人租用，Airbnb 便可以从中收取中介费用。

Airbnb 相较于传统酒店企业的一个最明显的优势就是它更有弹性，房源数量可以根据市场需求进行调节，比如当某地举行大型活动或大型会议时，许多人都会聚集此地，需要租房的房客自然也会增多，此时，房屋出租收益率也会增加，因此会有更多的附近的房东愿意提供自己的闲置房间；但是，传统的酒店企业却不能满足这种市场需求，它们地点固定、房间数量固定，对这种动态情况缺乏适应能力，因此它们不得不忍受淡季时的高空房率，在旺季时，也只能有限提高房价，一旦满房，其他顾客便不能再入住，从而错失赚钱良机。

据路透社（Reuters）报道，Airbnb 已经与 2016 年的里约奥运会官方联合形成合作伙伴，并在会议期间为游客提供房源，安排他们入住。

★第二，Airbnb 提供比传统酒店接触住客更为便捷的方式。

Airbnb 作为房东与住客交换信息的平台，它只需要通过更方便、精准的算法与有效的反馈机制对房源进行筛选，从而为住客提供更便捷的寻房通道。

然而，相比之下，住客若想入住传统酒店就显得比较麻烦了。在这个过程中不仅需要传统酒店主动与住客进行联系，而且为了找到更合适的住客，还时常需要与旅行中介进行合作。更为复杂的时候，酒店与住客之间需要经过三四层中介才能完成接触。

Airbnb 的营销模式是分散式的轻资产模式，它将传统模式中的复杂环节进行简化，消除冗余成本，通过降低平均房价赢得竞争优势，通过规模效益将赚取的中介费累积成巨额利润。

更值得关注的是，Airbnb 在运营过程中只要稍稍投入成本，例如服务器、雇佣员工等，便可实现业务的不断扩张与利润的持续增加。而这些利润又可以投入到 Airbnb 的软件开发与系统升级中，如此形成良性循环，在竞争中取得绝对优势。

2014 年，喜达屋用 18 万名员工管理着不到 35 万间客房；2015 年，希尔顿用近 16 万员工管理着 67 万个客房；同年，Airbnb 则用 1600 多名员工管理着遍布全球 190 多个国家的 100 多万个房间。差距之大，一目了然。

❋ 如今，Airbnb 已经成为了一种商业模式

Airbnb 曾被成为"空间版的 eBay（eBay for Space）"，但现在，Airbnb 已经不仅限于它本身的含义了，与 Uber 一样，它已经变成了共享经济的一个商业模式专有名词，成为各创业公司的参照模板。例如 Airbnb for X，初始创业的人们喜欢把自己称作"我们是 XX 版本的 Airbnb"。

在新创业公司发现平台——Product Hunt 上，你很快就可以找出数十个 Airbnb for X 公司，创业的方向更是让人眼花缭乱：

Airbnb **已经成为一种商业模式** *

　　Airbnb 作为"共享经济"的典范，已经成为一种商业模式，它就像是一个拥有天时地利人和的幸运儿：它将房东与租客之间的不对称信息打破，又用某种技术手段把酒店业中的必须成本（如租赁地产、人员管理、酒店品牌推广、雇佣工作人员等成本）取消，这种零成本的巨大优势，使得它们毫不费力的推向世界各地；而且，房间的设计注重当地的人文气息，游客可以很好地体验当地的人文风情，这也恰恰符合了近几年游客的心理需求。

　　Airbnb 能够走到今天，最主要的原因是切斯基和他的团队拥有坚定的信念和坚持不懈的努力，身边朋友的质疑、著名投资人的拒绝、用户增长和融资遭到困难，这些都没有让他们放弃 Airbnb。我们从纽约著名投资人 Fred Wilson（弗雷德·威尔逊）的一篇回顾自己错过 Airbnb 投资机会的文

———————————

　　＊ 图片来源：好奇心日报

章中发现：当年有很多人想试着做 Airbnb，但最后都因为各种各样的原因放弃了。

有一位叫 LIAD 的用户留言："当我第一次接触到 Airbnb，我很快就察觉到了它的潜质。"随后，他买了一个 iStay 的域名并发布了服务。可惜的是，他当时对这个事情没有投入太多精力，当别人出高价向他收购这个域名时，他就答应了。

类似的故事发生在一位名叫 Nick Grossman 的人身上。他说："在 2008 年初，我也曾做过一项类似于 Airbnb 的服务。"因为当时是三个创始人用业余时间来做，没有足够的时间和精力投入到这个项目中，在产品推出之前我们就选择放弃了。

Airbnb 创始人切斯基在接受《大西洋月刊》的采访时说："从 2008 年初，我发现其实有很多人都发现了这个商机，想做这件事，从那时起，我就坚信我们的选择没有错。"

时至今日，Airbnb 呈现在我们眼前的商业模式并不复杂。从 2009 年到 2015 年，Airbnb 所做的事情几乎没有变化。但一路走来，能在种种质疑、资金短缺的困难中坚持下来，并走向世界，改变世界的只有 Airbnb。

第七章

共享模式下的金融与旅游：

共享理念驱动下的产业变革

第一节　跨界融合：

共享经济打破金融边界，重构互联网金融格局

互联网金融的发展为中国带来了翻天覆地的变化，同时互联网与传统金融领域的结合在一定程度上也推动了共享经济的发展。在创新技术以及新的商业模式的支撑下，互联网金融领域出现了一种新状况：用户只要花一块钱就可以买基金，100 块就可以发放贷款。

中国正在直奔互联网共享经济

（1）共享经济：收获与分享并重。

当代著名的思想家杰里米·里夫金（Jeremy Rifkin）在其最新的作品《零成本社会》中提出了一种"零成本社会"的概念，物联网的出现和成长将更多的个人和组织连接了起来，大大提升了人类社会的生产率，未来"零成本"模式将会席卷更多的经济领域。

从直观上来理解，"零成本"模式将更多的表现为协同共享，车主将自己闲置的车辆通过租车网站租给有需要的人，而房主将自己的空余房间通过短租网站租给有需求的租房人。资产所有者将自己闲置的资金借贷给企业帮助其正常运作等等，都是一些典型协同共享。

在少量固定成本的基础上，只需要接近于零的边际成本就可以满足自身或者别人的需求，而且也更容易让新的经济模式走进人们的生活，人们从之前单纯的消费者角色转换成为兼具生产和消费功能的产消者角色，在消费的同时通过出租产品或服务而获得相应的报酬，不仅可以丰富社交圈子，同时也可以体验更多有趣的经历。

在旧的经济模式中强调的是"获得"，而在新的经济模式中则强调的是"收获与分享并重"。

（2）共享经济成功案例。

★Uber：租车行业成功的"共享经济"案例；

★Airbnb：房屋短租行业成功的"共享经济"案例；

★余额宝：互联网金融领域成功的"共享经济"案例。

（3）共享经济将成为未来的主流趋势。

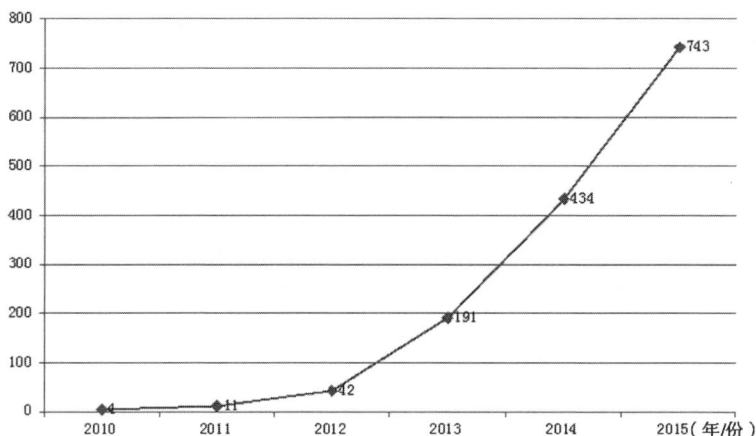

共享经济创业项目的数量 *

未来，共享经济能够成为一种主流的原因主要在于两个方面：

一方面随着经济发展水平的提高，几乎每一个行业都开始遭遇产能过剩的难题，虽然在一定程度上影响了企业的发展脚步，但是却为共享经济的实现提供了重要的物质基础。

另一方面经济和生活水平的提高，也促使人们在认知上有了双倍盈余，并开始意识到将盈余进行分享。因此未来共享经济在社会以及整个GDP 将会占有越来越大的比例，但并不意味着共享经济模式可以适用于所有的行业。

互联网金融：势不可挡的共享经济

（1）互联网金融与共享经济高度契合。

资源配置、支付方式以及信息处理构成了互联网金融的核心成分。

从本质上来说，共享经济就是充分利用资源，提高资源的利用率。而

---

* 数据来源：投融界大数据

互联网与移动互联网的发展可以有效推动共享经济的实现。

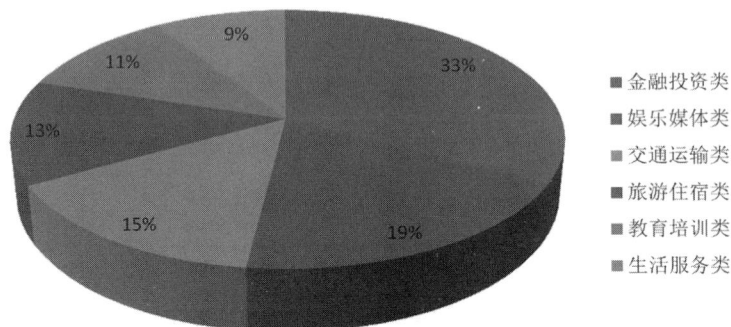

共享经济创业项目的类型分布*

- 金融投资类 33%
- 娱乐媒体类 19%
- 交通运输类 15%
- 旅游住宿类 13%
- 教育培训类 11%
- 生活服务类 9%

在共享经济形态之下，闲置的资产开创了一种新的市场，比如网购市场以及互联网金融。互联网金融与网上购物相比，在刚兴起的时候就吸引了大量投资者和创业者的目光，并在短时间内迅速地成长起来，互联网金融领域业者们也获得了较高的融资额度，同时也在该领域产生了种类丰富的互联网金融产品。

同时，在"互联网＋"趋势的影响下，互联网金融的发展也会迈向一个新的阶段，并逐渐向共享经济靠拢。

（2）P2P 网贷助推金融大众化。

P2P（Peer to peer）就是"共享经济"的一种主要形态。P2P 网贷不仅帮助众多的中小企业和个人缓解了资金方面的压力，同时也开创了一种更加方便、快捷的融资渠道。此外，P2P 网贷的发展也推动实现了金融大众化，从而在金融领域营造了一种全民共享金融服务的氛围。

根据第三方机构"网贷之家"发布的《中国 P2P 网贷行业 2015 年 3 月月报》显示，2015 年 3 月 P2P 网贷行业成交量迅速上升，单月 P2P 网贷

　＊ 数据来源：投融界大数据

行业整体成交量达到 492．6 亿元，刷新了过往的历史记录。P2P 网贷行业历史累计成交量已突破 5000 亿元，投资人数达到 96．16 万人网贷之家预计 2015 年 P2P 网贷平台数量将呈现爆发式增长，全年成交量将突破 6000 亿元。

【案例】银盛贷：100 元起投，让每个人都可以成为投资者

2014 年 8 月 8 日，银盛贷网站在深圳前海注册成立，银盛贷网站是一个专门从事互联网理财及投融资的 P2P 平台，并利用其在电子商务、第三方支付、投资管理、金融增值服务等方面的优势，集中各方面的专业人组成了网站的运营团队。

银盛贷，主要是针对个人和中小微企业提供投资理财和信用借贷服务。不仅有科学完善的管理方法，同时还有严格的风险控制体系，从而为企业和个人创造一种安全、诚信、高效、互助的理财投资环境以及平台。此外，银盛贷还综合利用线上线下管理模式，在风险控制体系基础上，采用国际前沿的系统加密和保护技术，将资金交给第三方监管，并致力于构建本息安全的保障系统，让中小企业和个人客户可以更加放心地享受专业、诚信的投融资服务。

银盛贷还通过不断完善的产品和服务体系，为投资者带来更大的利益保障，在满足企业以及个人的融资需求的同时，将其发展成为国内最安全、专业和透明的互联网金融理财平台。

共享经济促进互联网金融跨界融合

滴滴打车与快的打车借助共享经济模式在过去三年实现了迅速成长，并重新架构了服务链条、用户端以及商业价值端的模式和运作方式。在"共享经济"趋势的影响下，推动互联网在其他领域的跨界融合，从而实现互联网金融与其他领域的资源共享。

互联网金融与第三方支付的跨界融合。

★第三方支付是互联网金融发展的基石。

互联网与金融的结合虽然推动传统金融领域渠道、消费和服务模式上的变革，但是却没有从根本上颠覆金融行业的本质以及盈利模式，不管互联网金融要怎样发展，都要始终坚守金融行业根本的规则，因此在其未来的发展中，第三方支付仍是支撑其发展的重要基石。

互联网金融起源于第三方支付，同时第三方支付又可以为互联网金融的发展提供重要的保障，利用其在资金闭环运行方面的优势，弥补互联网金融在发展中的缺陷，比如 P2P 风险。

而第三方支付又有可能凭借资金闭环运行的优势，弥合互联网金融发展中的先天性缺陷，比如防范 P2P 风险。因为，第三方支付企业依靠积累的大量信息流和数据，可以对用户进行信用分析和评价，而第三方支付的资金是闭环运行，将平台账户和客户账户实现了分离，可以有效保护客户资金的安全。

★银盛支付：在用户的消费系统中嵌入金融服务。

在沉淀的支付数据和用户资源的基础上，将金融服务嵌入用户消费系统中，向前可以利用交易流水，企业基本信息，上游供应商的信息，整个行业的基础信息，同时借助金融企业合作伙伴和风控合作伙伴的资源为用户提供小贷融资、企业理财等贷款以及投融资服务，向后可以利用目标市场数据，客户的行为，用户喜好的变化情况数据，电商平台合作伙伴拥有的客户资源，C 端用户资源等资源和优势，为企业开展营销、推广以及优化的电子商务解决方案等服务。

从目前的发展来看，互联网金融主要围绕众筹、理财网销、P2P 来开展业务，第三方支付公司利用汇沉淀的用户数据，构建起了更趋于完善的信息流和资金流，并此基础上实现了在营销、融资、理财等多个领域的跨界发展，未来随着行业界限的逐渐模糊，跨界合作将会成为一种重要的经济形态。

第三方支付行业在未来将有什么样的趋势和结果？在银盛支付的相关责任人看来，未来的第三方支付行业将会摆脱"纯支付"的业务格局，逐渐朝着以"支付＋O2O""支付＋电商"以及"支付＋互联网金融"为核心的"支付＋"模式方向发展。

此外，银盛支付还在积极挖掘和利用支付数据和客户资源，并在此基础上向前和向后拓展业务，同时还不断丰富支付场景，开辟更多的流量入口，从而为其自身的可持续发展提供重要的支撑。

"互联网＋"在金融领域的不断延伸就会产生"支付＋"，并将推动支付与各个领域的跨界融合，第三方支付机构也将朝着综合金融服务商的方向不断迈进，从而形成一种创新的行业模式。

在银盛支付体系的支持下，不同应用场景的商户可以实现共享，从而为消费者提供更多的选择。支付与各个领域的跨界融合为互联网金融在新时代的发展注入了更多的活力，将有望推动其在新时代实现新的突破和成长。

☀ 未来金融和非金融的界限会模糊

随着互联网在金融领域的深入发展，未来不管是股票、贷款，还是债券的发行与交易都可以利用社交网络来实现，为用户省去了更多繁琐的环节。

（1）数字化：互联网在全社会的覆盖以及应用，已经推动70%的社会信息实现了数字化，实体经济企业利用其沉淀积累的数据信息以及风险控制工具，开展金融活动，比如阿里、京东等电商企业。

（2）融合：电子商务、共享经济等与互联网金融有着密切的联系，不仅为其提供了丰富的应用场景，同时也为其沉淀了大量的数据和客户资源，实现了线上实体经济与金融的融合。

（3）传感器：随着传感器的普及以及广泛应用，将来会有更多的线下活动都开始向线上转移，比如购物、阅读等活动，线上活动的丰富性也将会推动更多复杂的沟通和分工协作方式的产生，未来将会有90%的社会信息实现数字化，大规模的数字化信息为互联网金融的发展创造了有利的条件。

如果企业以及个人能够将更多的信息放在互联网上，那么就可以利用这些信息对企业以及个人的信用资质进行评估，从而为银行等贷款机构提供一个重要的信用参考。比如保险行业，会根据用户的一些个人行为，像会不会喝酒、会不会用车接送小孩、最近心里状况是什么样等信息来判断车辆的费率。

（4）互联网货币：在互联网领域，"数据财富"一般会以互联网货币为载体呈现出来，从而增强了其出现的合理性。随着互联网在各个领域的渗透，数据商品与实物商品之间已经没有了严格的界限，网络以及实体经济活动紧密地结合在一起，而互联网货币对实物商品的价格也产生了越来越大的影响。未来可能会出现法定信用货币与互联网货币并存的状况。

第二节　P2P 网贷 VS 共享经济：
技术驱动创新，P2P 开启极速模式

2015 年 6 月，一组神州专车的名人广告开始在朋友圈和微博广泛传播开来，然而这一广告却对神州专车带来了极其严重的负面影响。在这场闹剧背后，人们已经开始普遍认识到科技的发展正在一步步改变人们的生活，专车之所以能够兴起，主要得益于社会闲置资源以及大众需求的产生，而专车的发展也是共享经济在发展中推动产生的一种结果。

同样，P2P 网贷之所以能够兴起也是源于其有一个重要的社会闲置资源——金钱，在共享经济时代，P2P 网贷应该如何借势获得腾飞？

规范运营，安全发展

随着国民经济发展水平的不断提高，人们有了更多闲置的资金，很多人开始利用闲置的资金来炒股，然而股市作为一种高风险的行业，其大起大落的股市走向并不是所有股民都能承受得了的，因此在股市不景气的情况下，越来越多的散户开始考虑将资金进行分散投资，而受益相对比较稳定的 P2P 网贷平台就受到了众多散户的欢迎。

简单来说的话，P2P 网贷是将社会闲散资金连接起来的一种平台，满足供需双方的理财以及借款需求。中国自古以来就有一种勤俭节约的传统，当有闲散资金的时候一般就会存起来，截止到 2014 年末，中国人民币存款余额 113.86 万亿元，而其中已经有一部分人开始尝试一些新鲜的事物，将资金放到了 P2P 网贷平台上，而还有一部分人认为 P2P 网贷还处在初步发展阶段，发展不够成熟，安全性也无法得到保障。

之所以会有人对 P2P 平台产生质疑，还是有一定事实根据的，在其刚成长起来的几年时间里，平台跑路的现象常有发生，同时也有发生过私建资金池的现象，将用户的理财资金与平台运用资金弄混，于是让很多用户对 P2P 网贷也就有了更多的担忧。如果因为部分平台的原因而影响了整个 P2P 行业，那么怎么还会有用户放心将资金放在 P2P 平台上。

2015 年 6 月，宜信公司旗下信用贷款与诚信理财咨询服务平台——宜人贷与广发银行达成银行托管服务，并首发 P2P 资金托管账户，为客户提供更安全的资金保障。

每个出借人和借款人都需要在广发银行建立 P2P 资金托管子账户，而宜人贷和广发银行都会对其身份的真实性进行严格的审查。在网上平台上开展的每一笔 P2P 交易，不管是从最初的合同备案、还是到最后的支付，银行都实行全流程的托管，从而将资金与网络平台隔离开来，在资金不经过网络平台的情况下直接打到借款人手中，从而进一步展示了宜信宜人贷平台信息的真实性以及操作流程的透明化。广发银行会对出借人以及借款人的虚拟子账户进行详细地调查和记录，并定期出具相应的 P2P 交易资金托管报告，从而保障双方交易的透明性，提高资金的安全性。

对 P2P 平台进行资金托管，事实上就是为了将平台上的交易资金与企业自有的维持其正常运作的资金分开，从而有效避免 P2P 平台私设资金池，威胁平台资金的安全，也有利于对平台风险进行控制，提高交易的安全性，保障出资人的合法权益。

☀ 技术驱动创新，P2P 开启极速模式

随着移动互联网覆盖率的不断提升以及各种移动客户端产品的不断出现，P2P 网贷投资开始逐渐走进人们的日常生活，而且随着移动支付的不断成熟，P2P 理财也变得更加便利，并吸引了众多的用户参与。从目前市场上来看，很多 P2P 网贷移动产品虽然在投资的便捷性方面占有优势，但是提现的过程还相对比较麻烦，因此 P2P 网贷平台如果要想吸引和留住更多的用户，就需要在提现过程多下功夫，同时满高效地满足用户的借款以及理财需求。

有多家平台推出的出借用户端在功能和操作方面已经相对比较完善，用户只要利用手机号码进行注册，并绑定银行卡，就可以在选择好标的之后直接进行投资。在出借人端只要从产品角度出发对对投资体验和流程进行优化和升级即可，不需要进行严格的资格审查。

而在借款人用户端，为了有效保障资金的安全，不仅需要做好注册工作，最重要的还是在于对借款人进行资格审查、信用查询等一系列工作。在传统的借贷方式中，借贷机构会对借款人进行严格的资格审查，不仅需要借款人提供各种各样的证明材料，而且审查的时间也比较长。因此在保证资金安全性的基础上优化借款人的体验流程将是 P2P 网贷在发展过程中遇到的一项挑战。

2014 年，宜人贷推出了"极速模式"，这是国内第一个大数据信贷产品，"极速模式"建立于宜人贷在宜信积累的九年风控经验的基础上，综合利用移动互联网以及大数据技术，并读取了用户授权的数据以及反欺诈系统交叉验证，可以在最短的时间里就完成借款人的审批工作。

"极速模式"在对用户的授信额度进行考察的时候需要参考的数据包括用户的信用账单、电商交易记录以及社交信息。系统在得到用户的授权后会自动获取这些数据，并对这些数据进行反欺诈系统交叉验证，计算出相应的风险评分，并通过这个评分来最终决定是否发放贷款以及确定用户的授信额度。而这些数据的获取以及计算已经达到了一种"秒"级的速度，不仅缩短了借贷的时间，同时这也是一种对传统征信方式的颠覆。

在移动互联网以及大数据技术的支持下，"极速模式"已经取得了比较高的成效：

★三步完成借款；

★1 分钟授信、10 分钟完成审批；

★款项即可当天发放；

★借款的最高额度为 10 万元。

从 2014 年 4 月到 2015 年 6 月，"极速模式"在这上线一年多的时间里已经完成了对百万用户的信用评估，完成的交易金额突破了 10 亿元，真正实现了利用科技的力量来为用户提供高效、便捷的金融服务。

当能够对社会闲置资源进行有效地挖掘和利用的时候，就会产生很多新鲜的事物，比如对闲置的汽车资源进行利用催生了在线租车服务，对闲散的房屋进行利用产生了在线短租，同样对闲置的资金进行利用也是如此，而相比国内的汽车以及房屋资源来说，国内的资金拥有更大的容量，并且有更大的挖掘其潜力，当然 P2P 网贷如果要想更深入挖掘闲散的资金，关键是要为用户解决在借贷过程中的最核心的问题。

第三节　共享模式下的旅游业：
旅游 O2O 模式颠覆传统的交易结构

随着移动互联网的高速发展，共享经济成为实现资源优化、改善消费模式的主要动力。推行共享型经济的企业大都采取典型的 O2O 模式，而在共享经济浪潮中占据了大多数席位的则是旅游企业。

旅游离不开"住"、"行"，当然旅游 O2O 共享经济也主要从这两个方面出发。比如住宿领域的共享经济的代表 Airbnb，自 2008 年发展至今已经将业务拓展到全球 190 多个国家和地区，拥有 2000 多万用户，估值超过 132 亿美元；Uber 是租车领域中共享经济的典型，估值也已高达 410 亿美元。

共享经济的崛起之势不可阻挡。Altimeter Group 就有报告显示：在共享经济大潮的推动下，200 多家新企业得以诞生并获得了 20 亿美元风险资本的注资。

进入经济下行周期，消费者的消费模式被迫转向省钱方向，企业也在经济下行压力的刺激之下倾向于共享经济。当然除此之外，消费群体的年轻化所带来的新的消费文化也为共享经济的出现做出了巨大贡献。年轻人追求个性，不喜欢千篇一律的产品和服务，而对自己和朋友开店赚钱更感兴趣，所以共享成为年轻人所追求的消费新风尚。

众所周知，旅游业本身包括"食、住、行、游、购、娱"六大环节，而其中的"住、行、娱"与共享经济的联系则更为密切，在旅游过程中，我们可以与朋友甚至是陌生人共享交通工具、娱乐方式、酒店住宿等，Uber 与 Airbnb 的出现及其高速发展足以证明旅游 O2O 和共享经济在移动互联网浪潮中已然碰撞出巨大的经济火花。

❀ 共享经济改变交易结构，旅游 O2O 颠覆旧模式

何谓共享？简单来说就是共同享用彼此的物品，而随着互联网和移动互联网的发展，第三平台的出现使人们可以更方便快捷地共享产品或服务，这就是共享经济。在这个平台上，消费者可以分享自己闲置的资源，获得经济收入，又可以更加便捷地寻找到自己心仪的物品。"共享经济"真算得上是一举两得。

如今"企业就是企业，消费者就是消费者"的传统观念已经逐渐淡化。借助互联网消费者可以"一人饰多角"，既是消费者，又扮演了生产者、卖家、财务专家等多种角色。共享经济已经逐渐取代传统的商品购买和服务方式，以其便捷高效且价格低廉的平台优势成为消费者满足自身需

求的新方式。下面我们以 Uber 和 Airbnb 为例来做具体分析：

Uber 和 Airbnb 分别向消费者提供了交通工具共享平台和租赁住房共享平台。该类型平台的出现不仅实现基础设施的搭建以及规则的制定，也使得整个交易结构由传统的 B2B 或 B2C 转变为 C2C 或 P2P 模式。

同时伴随移动互联网的发展，C2C 模式使服务需求者与资源提供者的联系更为深入、密切。面对需求者所提出的分散化、个性化的要求，资源提供者所提供的产品和服务也突破了原有的整体化、规模化的特点，可以随时随地为消费者提供满意的体验服务，据此就形成了具有移动化特点的 O2O 模式。当然在该模式下，交易双方的角色不再是一成不变的，双方以不断变换的交易角色维护整个平台的商业生态圈。

用通俗点的话来讲，Airbnb 租房网站之所以能够迅速占领市场，就是因为它给房东和租客提供了一个全新的平台。Airbnb 所提供的住房不同于传统酒店，它所提供的是颇具人情味的民宿、家庭旅馆，而消费者也可以在旅途中感受到家的温情与舒适。共享使房东获得收益，使租客在省钱的同时得到了值得信赖的家；Uber 也将共享做到极致，以同样的逻辑和方式为旅游出行提供了一种双赢方案。

总而言之，Airbnb 租房网站颠覆了传统租房行业，Uber 也改变了原有的打车出行方式，在旅游 O2O 的大潮中打造出一片新天地。

不得不说，共享经济改变了原本的交易结构，而旅游 O2O 对于传统的旧模式的颠覆也逐渐体现出来：

（1）改变了人们的生活方式。

以 Airbnb 和 Uber 为代表的租车租房方式的出现使旅游变成了 O2O，在移动互联网时代呈现出 SoLoMo（社交本地移动）状态。消费者可以在线上预订交易，在线下进行体验评估；

（2）改变了人的社会属性。

改变了人们的生活方式

改变了人的社会属性

改变了社会资源的价值传递

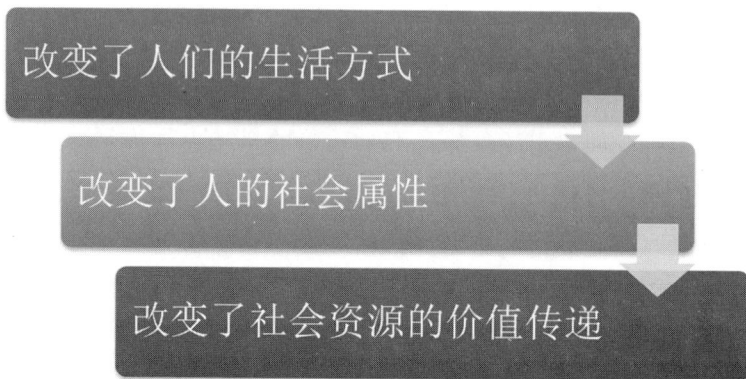

旅游 O2O 对于传统模式的颠覆

在传统租房租车行业中消费者通常是借助中介来预订酒店或租车，比如在旅游过程中就是通过旅游公司的提前预定实现住宿和出行。整个过程没有消费者的直接参与，而是商家的 B2B 模式。共享经济改变了消费者的社会属性，旅游 O2O 大潮打破了原本的价值链模式，通过网络消费者可以实现线上线下的互动，消费者也由单一的消费者转变为资源提供者、甚至是管理员这样的多重角色。

（3）改变了社会资源的价值传递。

Airbnb 和 Uber 不仅改变了人们的出行住宿方式、人们单一的社会角色，也改变了社会资源价值。Airbnb 和 Uber 将市场看作企业发展的方向标，以市场需求结构的变化为导向，不仅颠覆了商业的交易结构和经营方式，也实现了资源配置方式由重资产型向轻资产驱动型的转变。

下一波旅游 O2O 大潮是共享经济吗

对于共享经济哈佛大学商学院教授南希·科恩曾给出一个简洁而精准的定义：共享经济就是可以实现个体间直接交换商品与服务的系统。

互联网是实现商品和服务交换最为便捷高效的平台，与基于物流的实物电商相比，以餐饮旅游为代表的虚拟电商则更注重线上管理与线下体验服务的对接。共享经济正是借助互联网平台实现闲置资源的共享，而这个共享就需要线上交流沟通和线下体验的完美结合。就这样来看，旅游 O2O 与共享经济有异曲同工之妙，所以我们认为下一波旅游 O2O 大潮将会从共享经济中衍生。

互联网和移动互联网的发展使科恩的理论变为了现实，像租车领域的巨头 Uber 和租房行业的翘楚 Airbnb 正是在共享经济形态中所诞生的伟大公司，而这对于正在蓬勃发展的中国商业来说是一个需要把握的机会。那么到底该如何向前辈学习呢？我们以 Airbnb 的中国竞争者—小猪短租为例进行分析：

小猪短租是美国 Airbnb 租房网站的学习者，但是在学习过程中也面临一些比较突出的问题，如当前的国内市场环境没法提供真正由个人分享的短租房。

面对这一情况，小猪短租将传统 O2O 市场中的供给信息进行探索整合，把握共享经济的核心，通过多种社交途径来获取个人房东，丰富自身的市场供给。事实上小猪所找到的商业模式也是以 P2P 或 C2C 为基础，通过共享获得收益、产生价值。

对于学习者而言，最主要的精力要放在市场供应层面，对原有的市场供给进行深入发掘。与传统 O2O 领域所具备的成熟供给模式不同，全新的租房或租车模式会使资源提供者（房东或车主）产生类似于"我该怎么做""我的车或房适不适合出租"等这样的疑问。面对这样的现实问题，企业或商家要成立专门的线下运营团队，为个人房东或车主答疑解惑，提高资源提供者的信任度，从而挖掘市场供给。

O2O 模式的"信任机制"也是需要关注的重点问题。企业或商家固然不能够改变国家的诚信系统，这就需要其在配合国家征信系统建设的基础上，利用互联网技术进行不断创新，完善信任机制，激发商业价值。

我们说旅游O2O颠覆了原有的商业模式，那么什么样的商业模式才配得上"颠覆"二字呢？原伯克利加州大学中美战略中心主任吴霁虹就将"颠覆性商业模式"概括为以下几个类型：

★改变原有的生活和工作方式的商业模式；

★实现人类社会属性的改变和拓展的商业模式；

★实现商业生态系统跨界整合的模式；

★可以创造人际智能网络解决方案的模式；

★延展社交，以社群方式发展的商业模式。

就这些角度来看，旅游O2O大潮将会从共享经济中衍生不言而喻。这对于中国参与者来说是一次不可多得的机会，一定要把握机遇，引领潮流！

第四节　旅游共享经济的三大体系：
信用体系＋服务体系＋体验体系

　　Uber 和 Airbnb 作为共享经济的典型代表，以及 P2P 在各领域的盛行，使得人们认为 2014 年即是共享经济的元年，它依靠本身所具有的创新性将传统模式颠覆，于是，共享经济在学术界、资本、创业者中掀起了一股热潮，谈论时必说起共享，P2P 也经常挂在嘴边。

　　人们在外出旅游时，同样会享受到共享经济为我们带来的出行和住宿方式上的改变，人们同时兼有商品（或服务）的提供者与消费者两种身份，人们依靠社交达成交易，互联网作为平台，简化了中间环节并自发维持在服务中建立的联系，缺少了中间机构，人们在得到商品或服务的满足的同时，也感受到了人与人之间的关怀，从这个意义上来讲，共享经济不仅给我们带去优惠、便捷，更让我们感受到了一种人文情怀和浪漫气息，让我们对传统的冷冰冰的商业模式刮目相看，并充满了期待。

共享经济的核心理念是通过规模化的运营，将闲置资源更充分、更合理、更高效的利用。它不仅仅为人们提供业余服务，否则其自生自发的模式很难持续下去。因此，共享经济需要参与的个体、资源单位、企业组织、社会体系这些所形成的配套机制。

由于这些体系制度的不完善，共享经济的发展会受到持续影响，但是尽管如此，也不能阻止其创新的脚步。美国的 Uber、RelayRides、Airbnb、wheelz，还有中国的易到用车、PP 租车、小猪短租都在寻求更大的发展空间。

相较于其他模式简单的供需关系，旅游业共享经济对社会体系的依赖性更强，这一点不容忽视。它自身所提供的商品和服务不仅限于简单的标准产品，而是在此基础上，更加注重细节服务的完善以及为消费者提供差异化的体验。所以，2014 年的共享经济还处于 1.0 的时代，到了 2015 年，旅游业共享经济将进入 2.0 时代，但还需三大体系——信用体系、服务体系、体验体系。

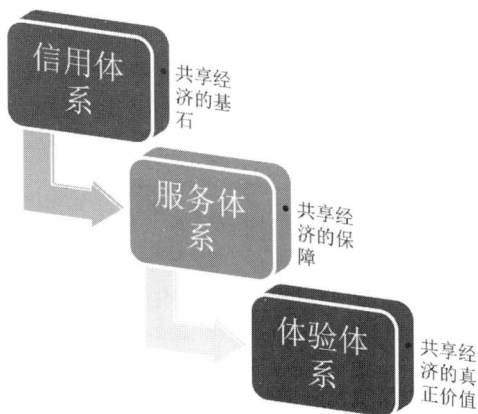

旅游共享经济的三大体系

信用体系是共享经济的基石

信用经济作为共享经济的本质，保障了商品或服务两端的交易合作，促进了共享经济的发展。交易平台的建立需要植根于社会信用体系的信用机制、保障机制和交易规则做保障。以美国的 Uber、Airbnb 为例，共享经济的发展离不开健全的社会信用机制。

早在 20 世纪 20 年代，美国就已经着手建设社会诚信体系，信用卡的发明就是一个典型代表。从 20 世纪 60 年代到 80 年代底，美国一共成立了 17 部关于信用体系建设的法律作为征信市场的法律基础，VISA（维萨卡）和 Mastercard（万事达卡）也成立于那时，在以后的几十年里，美国通过不断完善征信体系，发展到两千家，之后又经过合并，形成了各种边界清晰、各司其职、专业分工明确的信用机构，其中包括穆迪、标普、惠誉等资本市场信用机构，邓白氏集团等普通企业信用机构，还有全联、爱克非、亿百利等个人征信体系。

此外，在美国征信体系中，依附于上述七家机构或向其提供数据的区域性或专业性征信机构共有 400 多家。1956 年，美国成立的 FICO 评分系统专门针对三大征信局的数据进行标准化输出，并提供精确的数据分析和信用评分服务。

时至今日，美国的征信体系已经为全社会熟知。比如，"个人信用"已经形成了"5C1S"——品德（Character）、能力（Capability）、条件（Condition）、资本（Capital）、担保品（Collateral）、稳定性（Stability）的标准体系。

同时，征信体系明确刻画了信用的边界，对用来量化信用的数据基础达成共识。并以此为基础，形成了良好的信用机制保障体系。美国共享经济的典型——Uber 和 Airbnb 就是凭借此基础，再加上 Facebook 作为辅助关系链，还有保险体系的加入，才得以繁荣发展。

2015 年 1 月 5 日，央行发文要求芝麻信用、腾讯征信、鹏元征信等八家机构做好个人征信业务前期工作。央行的这一行动虽然远远落后于美国，而且政策制定上仓促，法律基础上准备不足，但是，这毕竟是国家开始对征信体系重视的一个强烈信号，反映了国家对征信体系建设的紧迫感。

据传言道，小猪短租开始与已经获得征信牌照的伙伴进行合作，如果消息真实，那么，小猪将是中国第一个引入个人征信体系的共享经济公司，通过借鉴美国 Airbnb 引入的保险产品，小猪很有可能成为中国共享经济的典型代表，但是小猪未来发展如何，还需要我们进一步观察。

服务体系是共享经济的保障

旅游业作为第三产业服务业，而服务在"食宿行游购娱"六大环节中所占比重很大。传统意义上，商品的生产、流通、消费、服务这几个环节是相互分离的，商品从被生产，经过运输，再到消费者购买，最后到消费者在消费时享受服务这一环节基本已经断裂，消费者所能享受到的是产品生产厂家或某一环节提供的"售后服务"功能。

商品在经过生产、流通和消费之后，服务都是作为附属功能，消费者因此也很少会享受到产品的服务功能，这样长此以往，消费者就很难参与到关于商品的互动与反馈，再加上沟通环节的繁琐甚至缺失，消费者就很难得到自己满意的商品。

现代旅游业将商品和服务二者结合为一体，旅客在商品消费的同时也会享受到商品的服务功能，而传统旅行社实行的传统的交易方式和中介模式恰恰是人为地割裂了服务。共享经济的最大特点在于：商品和服务通过互联网和移动互联网结合在一起，商品或服务的拥有方同时也变成了提供方，而消费者要想得到商品或服务再也不需要中间环节的参与。

这种模式的形成具有划时代性，一般典型的旅游O2O模式作为共享经济的代表，在平台制定交易规则时，其中服务体系的设计作为最重要的一点，Uber和Airbnb都是将商品和服务融为一体，通过移动互联网形成O2O模式。所以，服务体系作为共享经济的命脉，是区别于连锁酒店、出租车等标注化产品的明显特征，是共享经济的基本保障。

体验体系是共享经济的真正价值

共享经济为什么受到大家的青睐？从消费者或用户的角度来说，共享经济给他们带去个性化的体验和优质的服务。服务体系作为共享经济的保障，通过完善的服务体系将零散的、闲置的社会资源聚拢起来，从而发挥巨大的规模效应。

但是，共享经济仅仅凭借服务体系是不足以吸引大量用户的。不同于标准的产品差异化服务和体验更能得到用户的青睐，如国内的小猪短租、美国的Airbnb都是有人情味的住宿，无二之旅是有温度的定制旅行，Uber

致力于为用户带去方便和舒适，这些产品和服务的形态与团游、连锁酒店或冰冷的出租车完全不同。共享经济为人们带去的供应端资源不一而同，需求端也是各种各样，丰富的资源与个性化需求构成了全新的商业模式。

共享经济区别于其他形态的根本就在于在服务体系上搭建完善的体验体系，但同时，在管理方面也给共享经济平台带来了巨大挑战。

从李金早（国家旅游局局长）的讲话中我们也可以看出旅游产业升级的趋势：现在的"商养学闲情奇"已经逐渐代替传统的六大环节"吃住行游购娱"。总的来说，旅游将更注重游客的体验性，可量化的标准产品依然存在，但注重体验的非标准化产品拥有更大的市场，共享经济就正致力于搭建这样一个平台，准备迎接 2.0 时代。

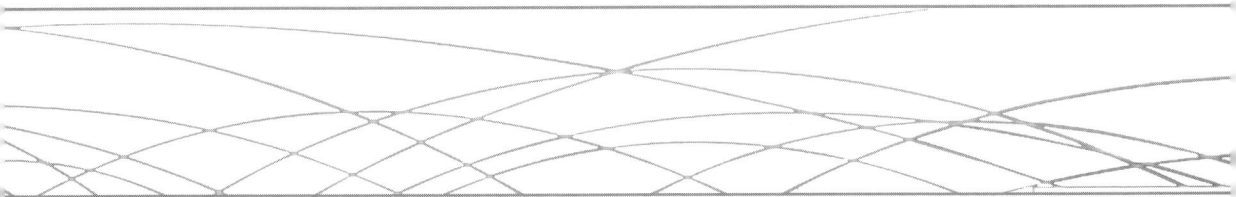

第五节　共享经济 + 商旅管理：
顺应时代潮流，提升消费者服务体验

在新经济模式的推动下，像微信、小米、阿里巴巴等企业占领了更为广阔的市场，O2O、P2P、众筹等新兴商业模式也层出不穷，令人目不暇接。即便是刚成立没几年的快的打车、滴滴打车等也都迅速崭露头角，用了短短的三年时间使搜索量发生了颠覆性的改变，影响力攀升到了国内领先地位。这些企业的发展完全突破了传统商业模式的局限，引入共享经济的理念，呈现出蓬勃发展的良好态势。

相比较上述企业的风生水起，传统商旅管理行业在商业创新方面似乎没能拿出特别好的成绩。在各行各业掀起的共享经济大潮并享受其所带来的大规模变革时，商旅行业是忽略其影响继续走老路、或以坚定的态度予以抵抗，还是顺应潮流打造自己领域的共享模式？这是商旅行业必须要考虑的问题。

共享经济里面的商旅管理

随着互联网和移动互联网的发展，一个全新的商业时代已经诞生。越来越多的消费者渴望个性、人性化的产品和高效迅捷的服务，而共享型经济则为他们提供了一个便捷的平台，获取更多想要的产品和服务。

共享经济的理念逐渐普及，也渗透到诸如金融业、租赁业、旅游业等行业当中，新经济模式的产品和服务在中国市场受到广泛关注。但是相对而言由于经历多年体制内的监管，整体服务水平却没能随着时代的发展而有所提升，消费者体验的就是产品和服务，若是服务质量受到质疑，行业的发展前景必然是渺茫的。

商旅业更是讲究服务至上的行业，那么我们如何才能将共享经济与商旅结合，在顺应时代潮流的同时提升商旅服务呢？

交通应用

打车软件的出现是共享经济在租车行业的重要体现，颠覆了传统的打车市场格局以及消费者路边拦车的概念。众所周知，打车软件的基础功能就是借由手机客户端召唤出租车，之后又增加了召唤专车的功能。这项服务与传统出租车行业有相似之处，但却在服务和选择上有了进一步的提升。

在传统的租车行业中，若想获得专车必须要提前预定以方便出租车公司内部排班。所谓的提前一般是要提前一天，事先告知时间、地点，一般不会接受临时预约。这对于临时起意要出门的消费者来说就不是特别的方便。然而这对于具备共享经济概念的企业来说不是问题，他们借助互联网获知闲置车辆的信息并将其释放出来，空车司机可以直接与乘客沟通、接受订单。无论是提前预定还是临时预约，专车 3 分钟即可抵达，既方便又快捷。

租车公司所提供的人性化服务还远不止这些。商旅人士或企业客户可以在预订出差旅游行程时将租车服务连同机票、酒店一起预订，一下飞机就可以搭乘出租车赶往目的地。乘客无需直接付款，而是走公司的付款流程，发票也可以在月底直接统一寄到结算部门，节省了乘客宝贵的时间。

TMC（差旅管理）和租车公司在为消费者提供服务的同时也在不断增加和优化服务。比如系统可以根据旅客所提供的时间、地点，为其提供并车选择；总部可以通过定位得知乘客何时上下车以及抵达目的地的时间，甚至可以进行实时追踪。相比于传统租车公司的服务盯紧一线城市的做法，共享型企业的服务覆盖了全国甚至是某些偏远地区，不仅为乘客节省了时间，也使更多乘客感受到更贴心的服务。

有效的数据收集对提高商旅服务来说也是至关重要的。通过 TMC 我们可以获得诸如月度用车数、总乘车时长、常用目的地、每公里平均价格等用车原始数据。这对于商旅行业来说是关键性数据，将这些地面交通数据与各类出行工具的数据相结合可以形成一套较为完整的交通数据，企业可以借此对商旅行业进行深入精准的分析、做出新年度的预算，也有助于企业制定出更适合自身的商旅政策。

举例来说，一个企业可以通过 TMC 所提供的地面交通数据来决定是通过打车平台满足企业的用车需求还是配备企业专车，并对所需数量做出预估；这些数据也可以帮助企业从自身的财务制度出发，灵活地制定商旅政策，按照员工级别安排出行用车的档次；企业也可以在分析总结数据和自身状况之后，对下一年的商旅管理提出更加可行的办法。

共享经济走进交通应用行业不仅解决了"打车难"的问题、使闲置车辆得到高效的利用，还分担了环境的压力。有研究表明，如果一辆汽车以共享经济的概念投入使用，那么其利用效率相当于 6~7 辆汽车。对于企业而言，这是减少环境污染、履行社会责任的好方法。

☼ 酒店住宿

"住"是我们商旅行程中的重要内容，美国的房屋租赁网站 Airbnb 就抓住共享经济这一理念在租房领域做得风生水起。

Airbnb 的中文名称是"空中食宿"，所做的就是汇集有空房出租房主，将其闲置的房屋资源提供给出游或商务人士，使他们可以找到满意的房子。事实上无论是租车还是租房，我们所运用的共享原理都是相通的，且这种共享所带来的好处是不言而喻的。就中国而言，若是将大量闲置的空房释放出来，不仅能够满足人们的住房要求，对改善酒店住宿行业也会有很大的帮助。

考虑到差旅成本、办公便利与否以及出差人员的喜好，企业在商旅政策上允许出差人员在类似 Airbnb 这样的租房网站上进行住宿预订。这样即使是在酒店资源不足的偏远地区，出差人员也可以借助共享平台找到价格合适、交通便利且符合自己住宿要求的理想住房。

企业可以进行诸如租房价格、交通便利程度、周边消费等方面的数据收集，借由 TMC 的数据整合优化供应商谈判，为出差人员的住宿做好完善的准备。例如，企业在地缘位置相对偏远的地方开发某个项目，企业便可通过在线平台信息搜索附近房源并与房主交流商议，以获得合理的长租价格。

商旅公司 TMC 的角色

随着商旅行业步入爆发式增长期，TMC（差旅管理）作为朝阳产业迎来了新一轮发展机遇。TMC 要想抓住机遇实现跨越式发展受限要做的就是提升服务空间。这就需要商旅公司根据客户需求扩大业务范围，突破传统，提供更为优质的服务。我们从以下三个方面具体来说分析：

★在全新服务的供应商选择方面，TMC 以客户出行的安全性为第一重任，对供应商的服务进行严格的监管并提供有效的反馈信息；

★在数据收集方面，TMC 对新类型服务要进行多方面的数据收集，并与其他方面数据进行整合，从而实现对商旅形式的整体分析并为企业或个人出行提供最行之有效的建议或规划；

★在员工安全方面，企业在通过 TMC 进行预订之后，TMC 要保证企业第一时间获取员工住宿位置、交通安排等信息。

共享型经济已经成为时代潮流，新生代企业和年轻人对专业化差旅服务的需求会逐渐提升，TMC 要做的就是在共享大潮中乘风破浪，在满足客户的服务需求中开拓更广阔的天地。